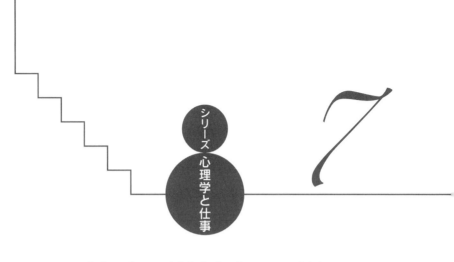

シリーズ 心理学と仕事

7

教育・学校心理学

太田信夫 監修
石隈利紀・小野瀬雅人 編集

北大路書房

主に活かせる分野／凡例

 医療・保健

 福祉・介護

 教育・健康・スポーツ

 司法・矯正

 産業・労働・製造

 サービス・販売・事務

 IT・エンジニア

 研究・開発・クリエイティブ

 建築・土木・環境

監修のことば

> いきなりクエスチョンですが，心理学では学会という組織は，いくつくらいあると思いますか？
>
> 　　　　　　10？　20？　30？　50？
>
> 　　　　　　　　　　　　　　　　　（答 ii ページ右下）

　答を知って驚いた方は多いのではないでしょうか。そうなんです。心理学にはそんなにもたくさんの領域があるのです。心理学以外の他の学問との境界線上にある学会を加えると 100 を超えるのではないかと思います。

　心理学にこのように多くの領域があるということは，心理学は多様性と必要性に富む学問である証（あかし）です。これは，心理学と実社会での仕事との接点も多種多様にさまざまであることを意味します。

　折しも心理学界の長年の夢であった国家資格が「公認心理師」として定められ，2017 年より施行されます。この資格を取得すれば，誰もが「こころのケア」を専門とする仕事に従事することが可能になります。心理学の重要性や社会的貢献がますます世間に認められ，大変喜ばしい限りです。

　しかし心理学を活かした仕事は，心のケア以外にもたくさんあります。私たちは，この際，心理学と仕事との関係について全体的な視点より，整理整頓して検討してみる必要があるでしょう。

　本シリーズ『心理学と仕事』全 20 巻は，現代の心理学とそれを活かす，あるいは活かす可能性のある仕事との関係について，各領域において検討し考察する内容からなっています。心理学では何が問題とされ，どのように研究され，そこでの知見はどのように仕事に活かされているのか，実際に仕事をされている「現場の声」も交えながら各巻は構成されています。

　心理学に興味をもちこれからそちらへ進もうとする高校生，現在勉強中の大学生，心理学の知識を活かした仕事を希望する社会人などすべての人々にとって，本シリーズはきっと役立つと確信します。また進路指導や就職指導をしておられる高校・専門学校・大学などの先生方，心理学教育に携わっておられる先生方，現に心理学関係の仕事にすでについておられる方々にとっても，学問と仕事に関する本書は，座右の書になることを期待していま

す。また学校ではテキストや参考書として使用していただければ幸いです。

　下図は本シリーズの各巻の「基礎－応用」軸における位置づけを概観したものです。また心理学の仕事を大きく分けて,「ひとづくり」「ものづくり」「社会・生活づくり」とした場合の,主に「活かせる仕事分野」のアイコン（各巻の各章の初めに記載）も表示しました。

　なお,本シリーズの刊行を時宜を得た企画としてお引き受けいただいた北大路書房に衷心より感謝申し上げます。そして編集の労をおとりいただいた奥野浩之様,安井理紗様を中心とする多くの方々に御礼を申し上げます。また企画の段階では,生駒忍氏の支援をいただき,感謝申し上げます。

　最後になりましたが,本書の企画に対して,ご賛同いただいた各巻の編者の先生方,そしてご執筆いただいた300人以上の先生方に衷心より謝意を表する次第です。

　監修者

太田信夫

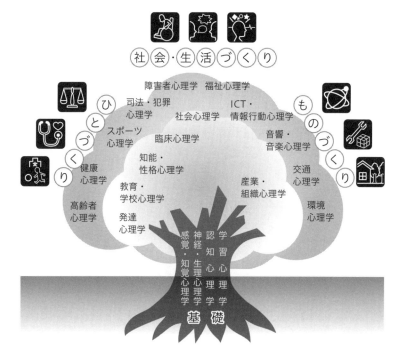

（答 50）

はじめに

教育・学校心理学と関連領域

　教育・学校心理学のテーマは，子どもの学びと育ちを援助することです。「教育・学校心理学」は，教育心理学と学校心理学の重なりを捉えた新しい領域名であり，誕生したばかりです。

　教育・学校心理学には，多くの心理学の領域が関係します。子どもの育ちを理解するための発達心理学，子どもの学びを理解するための認知心理学や知能・性格心理学，子どもの環境との関わりを理解するための社会心理学，子どもの心身の健康を理解し援助するための健康心理学や臨床心理学，福祉心理学，障害者心理学，そして教職員や学校を理解するための産業・組織心理学などがあります。ぜひ本シリーズで学びながら，子どもの学びと育ちの援助についての学習を確かなものにしてください。さらに子どもの学びと育ちを援助するためには，学校教育，学校保健，児童福祉領域の知識も必要です。心理学だけで子どものすべてが分かるわけではありません。子どもの学びや育ちに関連する領域に幅広く興味をもって，学習してください。

教育・学校心理学に関わる資格

　教育・学校心理学に関わる心理資格としては，公認心理師，臨床心理士，学校心理士，臨床発達心理士，特別支援教育士，ガイダンスカウンセラーなどがあります。公認心理師は国家資格であり，他は民間団体の資格です。また公認心理師と臨床心理士は，保健医療，福祉，教育，司法・犯罪，産業・労働などの領域で通用する汎用性のある資格であり，一方学校心理士，臨床発達心理士，特別支援教育士，ガイダンスカウンセラーは，教育・発達領域の専門性を示す資格です。したがって，公認心理師資格とともに学校心理士などを有する者も少なくありません。

　ここでは学校心理士について紹介します。学校心理士は，子どもの学校生活におけるさまざまな問題や課題に関して，アセスメント，コンサルテーション，カウンセリングなどを通して，子ども自身や子どもの援助者（教師，保護者）に対して，学校心理学の知識と技能を用いて心理教育的援助サー

ビスを行う専門家のことです。学校心理士資格をもって活動している人には，教育相談コーディネーターや特別支援教育コーディネーター，養護教諭などの教員，教育センターや適応指導教室の相談員（カウンセラー），スクールカウンセラー，児童相談所等の相談員，そして大学・短期大学の教員等がいます。

　1997年度から日本教育心理学会で学校心理士の認定が始まり，2011年からは11学会（日本教育心理学会，日本学校心理学会，日本発達心理学会，日本特殊教育学会，日本LD学会，日本生徒指導学会など）を社員とする「一般社団法人学校心理士認定運営機構」が資格認定を行っています。学校心理士申請には，①大学院類型（学校心理学大学院，公認心理師大学院，教職大学院），②学校教員類型，③学校管理職類型，④相談機関専門職類型，⑤大学教員類型，⑤公認心理師類型，⑥海外資格類型があり，どれも心理教育的援助サービスに関する修学・訓練や経験が条件になっています。さらに学校心理士スーパーバイザーという上位資格，大学・短期大学で心理教育的援助サービスを学習した者を対象とした准学校心理士資格があります。

本書の構成

　本書で，まず第1章で教育・学校心理学の領域や実践，そして関連する仕事について紹介します。第2章からは第6章は，教育・学校心理学の関連する教育活動の内容について説明します。教育・学校心理学は，子どもの学びと育ちを援助する学問として幅広い活動が関係します。本書では，特に教師やスクールカウンセラーが関わる5つの活動を選びました。第2章は，子どもと子どもを取り巻く環境の理解（アセスメント）です。すべての教育活動の基盤となる活動がアセスメントです。第3章は授業づくりです。子どもの学びと育ちを促進する教育活動の柱が，授業です。第4章は学校・学級づくり（学級・学校経営）です。子どもの学び・育ちを支えるのは，学校生活の環境です。第5章は生徒指導・教育相談・キャリア支援とガイダンスです。すべての子どもの学びと育ちを促進するためには，積極的な生徒指導やガイダンスが必須です。第6章が特別支援教育です。特別な教育ニーズに応える特別支援教育は，障害などで苦戦する子どもの教育を保障すると同時に，すべての子どものための教育にヒントを提供します。今回6つの現場の声（学会の紹介を除いて）をお届けしました。子

どもの学びと育ちを援助する現場の声を読者のみなさんも積極的に聞いて
ください。教育・学校心理学は，一人ひとりの援助者が日常の生活から学
ぶものでもあります。

　最後に，子どもの学び・育ちに関する教育・学校心理学および関連領域
を学び続けていただければと思います。教育や学校に関する自分の経験を
振り返り，考え方や知識・技能を点検しながら，楽しく学び，援助者とし
ても成長してください。教育・学校心理学が，すべての人々の学びや育ち
の促進に役立つことを祈っています。

編　者

石隈　利紀

小野瀬雅人

目　次

第1章

教育・学校心理学へのいざない

活かせる分野

　教育・学校心理学は，人が学び，育っていくことを，学校教育を通して援助することに関する理論と実践の体系をめざすものです。人の学習も発達も生涯にわたるもので，生涯学習や生涯発達といわれます。とくに，幼稚園，小学校，中学校，高校，大学などにおける学校教育は，子どもや若者（以降「子ども」で表記）の学習や発達の促進にとって重要なはたらきをします。今日学校教育では「チーム学校」としての教育の充実をめざしています。教師・スクールカウンセラー・保護者らのチーム，学校・家庭・地域での連携が教育の鍵となっています。本章では，教育・学校心理学という学問，また教育・学校心理学が提供する人の学び・育ちを援助する実践モデル，そして関係する仕事について，チーム学校に焦点を当てながら紹介します。

1節　教育・学校心理学とは何か

1.「学ぶ」「育つ」を援助する

　あなたにとって「学ぶ」こととは，何でしょうか。新しいことを知ること，人として成長すること，振る舞いが変わることなど，さまざまな回答があるでしょう。筆者は今でも，「知らなかったこと」が，人に教えてもらったり，本で読んだり，インターネットで調べたりしてわかるとき，本当にわくわくします。高校生や大学生の読者の皆さ

んの中には，同様な体験をされている方も多いのではないでしょうか。一方，学校生活がうまくいかないとき，友人関係で苦戦するとき，学ぶ意欲を失うこともありますね。

またあなたにとって「育つ」こととは，何でしょうか。「大きくなったね」「たくましくなったね」「立派になったね」と言われることがありますね。もちろん学ぶことと育つことは関係しますが，育つことは，学ぶこと以外にも，身体の育ち，感じ方の育ちなど多様ですね。さらに将来の夢なども膨らんだり，現実に合わせて悩んだりして育っていきますね。

育つとは，幅広い出来事です。一方，育つことや育てることに苦戦している場合もあります。貧困，自然災害，コロナ禍など，育つことを妨害する要因もあります。

「学び」や「育ち」は，身体的・生理的変化などの成長と，言語の獲得や認知発達などと関係します（太田，2017）。したがって，教育・学校心理学は学び・育ちに関して発達心理学，学習心理学，認知心理学に関連しますし，学び育つ場に関して社会心理学や環境心理学に関連します。子どもが学び，育つ環境の質を保障することは，社会の責任なのです。

人の学びや育ちは，家族の影響を受けます。また地域の人々との関わりや文化の影響も受けます。そして学校教育は，一人ひとりの子どもの学びや育ちを援助することを目的としています。教育・学校心理学では，学校における学び・育ちの援助に焦点を当てた学問です。

さてあなたにとって「学校」とは，何でしょうか。大学1年生に聞いてみると「中学校は学びをくれた。高校は自立を教えてくれた」，「友達との絆を深めるところ」などの肯定的な回答や「小・中学校の頃は落ち着きがなくてよく叱られた」，「勉強が好きではなかったので学校に行っても楽しくなかった」というつらい思い出に関する回答もありました。フリースクール（奥地，2015）や適応指導教室も，子どもの学び・育ちを援助する機能をもつ（広義の）「学校」といえます。フリースクールが「よい居場所になった」という大学生の回答もありました。学校の思い出は，百人百様ですね。一人ひとりの学校生活に基づく「学校観」（学校についての考え・感情・行動などの態度）が学校教育のあり方についての議論に影響を与えますので，学校教育

の議論は熱くなり客観性を失うことがよくあります。そんなとき教育・学校心理学の知識や技法が，学校教育について検討し意思決定することを支えるのです。

　またあなたにとって「援助される・援助する」ことは，何でしょうか。大学 1 年生の回答には，「つらかったときに友人や先生，スクールカウンセラーに話を聞いてもらった」，「雨の日に家族に車で駅まで迎えにきてもらった」，「家族に授業料を出してもらっている」など援助される経験がありました。また「友達のパワーポイント制作を援助した」，「友達の相談を聞いた」，「特別支援学校の運動会のボランティア活動に参加した」などの援助する経験がありました。援助される・援助する経験は援助を要請する行動や援助の行動に影響を与えますので，援助行動に関わる社会心理学も教育・学校心理学は参考にする必要があります。また学校教育では援助をサービスとして提供することから，教育・学校心理学は臨床心理学，障害者心理学，福祉心理学とも関連します。ここでは「援助」は指導・助言・ガイダンス・援助などを含む広い概念です。教育・学校心理学では「援助」と「支援」は同義語として使用しています。

2．教育・学校心理学とは

　子どもの学びと育ちを援助することに関する心理学の領域としては，教育心理学と学校心理学が代表的です。「教育・学校心理学」という用語は，実は 2016 年 1 月，本「シリーズ心理学と仕事」の出版企画として登場しました。そして 2017 年 5 月厚生労働省・文部科学省公認心理師カリキュラム等検討会が発表した，公認心理師カリキュラムの学部科目として「教育・学校心理学」があげられました。つまり教育・学校心理学は，まさに教育心理学と学校心理学の重なりをとらえた新しい領域名であり，誕生したばかりといえます。ここではまず教育心理学と学校心理学について説明し，それから教育・学校心理学の定義と意義について述べます。

(1) 教育心理学
　アメリカではソーンダイク（Thorndike, E. L.）が道具的条件づけ研究でネコを用いた問題箱の実験から，ある行動に対して満足する結

果が得られれば，その状況と行動の結びつきが強まり，逆に不快な結果が得られるなら，その状況と行動との結びつきは弱まるという「効果の法則」を提唱しました（本シリーズ『学習心理学』参照）。ソーンダイクは知能や適性の測定の研究も行っています。ソーンダイクは学習や評価という教育心理学の柱となる分野の確立に影響を与え，1903 年には『教育心理学』というテキストを出版しました（濱口，2018）。日本では，戦後各都道府県に最低 1 校は設置された国立の教員養成大学・学部で，教育心理学が必修科目となったため，教育心理学の研究者が増加しました。教育心理学は，教師の学校教育の仕事を支える学問体系として発展してきたといえます（現場の声 1）。

　教育心理学は「教育という事象を理論的・実証的に明らかにし，教育の改善に資するための学問」と定義されます（日本教育心理学会，2003）。教育には，家庭教育，学校教育，社会教育があります。家庭教育は家庭での子育てのことです。また社会教育は，社会教育法に，「学校の教育課程で行われる教育活動（学校教育）をのぞき，主として青少年及び成人に対して行われる組織的な教育活動（体育及びレクリエーションの活動を含む。）」としています。したがって，社会教育には家庭教育に関する学習の機会を提供するための講座，職業教育および産業に関する科学技術指導のための集会の開催などが含まれます。都道府県および市町村の教育委員会には社会教育主事が置かれています。今日文部科学省でも学校・家庭・地域の連携で教育を充実させる方針が重視されていますが，学校教育，家庭教育，社会教育を通した教育において教育心理学は知見を提供します。

　子安ら（2015）の『教育心理学』は，10 章から構成されています。第 1 章「教育心理学の課題」に続く章は，「学習の基礎の理解」「認知心理学の観点から見た学習」「授業の方法と教師の役割」という学びの援助に関するもの，「発達過程の理解」「適応と障害の理解」という育ちの援助に関するもの，「学級集団の理解」「教室での ICT 活用」という学び・育ちの場である学級や教室に関するもの，そして「教育評価の方法」，「教育データと分析結果の見方」というデータによる教育の改善に関するものの 4 つのパーツから構成されています。まさに教育心理学は，子どもの学びと育ちの援助を，学級・学校という場で，教育に関するデータの活用とデータに基づく研究に基づいて行う

という教育活動を支える学問といえます。

（2）学校心理学

　アメリカの学校心理学の起源は，1886年ウイットマー（Witmer, L.）がペンシルベニア大学の心理相談室で始めた援助サービスにあるといわれています。ウイットマーは，学習に困難を示す子どもへの援助サービスを行い，子どもの保護者や教師を援助するとともに，サイコロジストの養成に努めました（大芦，2016）。その後アメリカなどではスクールサイコロジスト，イギリスなどではエデュケーショナルサイコロジストとよばれる，子どもの学びと育ちを援助する心理職が登場しました。そしてこれらの心理職は，発達障害のある子どもに知能検査などを行い，特別支援教育のニーズに基づく「個別の教育計画」作成の担い手になっています。同時に，子どもへの発達支援・心理支援，保護者や教師へのコンサルテーション，さらに学校における援助サービスのシステム改革も行う専門家として発展してきています（Jimerson, Oakland, & Farrell, 2007）。アメリカやイギリスなどにおける学校心理学は，スクールサイコロジストなど学校教育における心理職の実践体系といえます。

　一方日本では1997年，日本教育心理学会（2003）が，教育心理学の実践的な貢献をめざして，教師やスクールカウンセラーの資格として「学校心理士」の認定を始めました。教育心理学会における学校心理士の認定は，日本の教育心理学と学校心理学の大きな関わりを象徴します。学校心理士は学校教育の領域において，学校心理学の知識・技法を用いて，子どもの学校生活における苦戦で援助する人材であり，今日では学校心理士認定運営機構によって認定されています。1999年における『学校心理学──教師・スクールカウンセリング・保護者のチームによる心理教育的援助サービス』（石隈，1999）の刊行や日本学校心理学会（当時は日本学校心理学研究会）の設立とともに，日本の学校心理学はスクールカウンセリング，教育相談・生徒指導，特別支援教育，学校保健に関する実践を扱う領域として，教育心理学と関連しながらも，独自性を発揮して発展してきています（現場の声2）。

　学校心理学は，心理教育的援助サービスの理論と実践の学問体系です。心理教育的援助サービスとは，一人ひとりの子どもが発達するう

えで出合う，学習面，心理・社会面，進路面，健康面など学校生活の問題状況や危機状況を援助し，すべての子どもの成長を促進する活動と定義されます（石隈，1999；日本学校心理学会，2016）。「心理」とは心理学に基づく援助サービスを指す言葉です。心理学が個体に着目することから心理学は一人ひとりの子どもに焦点を当てた理解と援助に貢献します。そして「教育」とは子どもの学び・育ちを援助する学校教育を指します。心理教育的援助サービスは，一人ひとりの子どもの学校生活の質（Quality of School Life: QOSL）の維持向上をめざします。そして心理教育的援助サービスの担い手は，教師，スクールカウンセラー，保護者らのチームであり，学校心理学はチームによる心理教育的援助サービスを支える学問です。

　学校心理学の学問体系は，①子どもの学習や発達および行動や人格に関する心理学的基盤，②学校教育に関する理論と方法，③子ども，教師，保護者，学校組織に対する心理教育的援助サービスに関する理論と技法から構成されています（日本学校心理学会，2016；図1-1）。①の心理学としては，学ぶこと・教えることを支える教育心理学，育つことを支える発達心理学，個として生きることを支える臨床心理学，他者の中で生きることを支える社会心理学などがあります。②の学校教育に関しては，教育学，学校組織や教育制度，特別支援教育，生徒

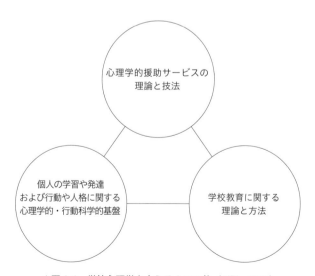

▲図1-1　学校心理学を支える3つの柱（石隈，1999）

指導・教育相談・キャリア教育などがあります。そして③の心理教育的援助サービスに関しては，心理教育的アセスメント，カウンセリング，コンサルテーション，コーディネーションとチーム援助などがあります。

(3) 教育・学校心理学

　教育心理学と学校心理学は，どちらも心理学を基盤として学校教育を通した子どもの学び・育ちを支えることをめざした学問体系であり，双方の領域は大きく重なっています。そして教育・学校心理学は教育心理学の歴史と知見，学校心理学の歴史と知見の双方を活かした領域として，今後発展することが期待されます。石隈（2018）は公認心理師の活動を支える「教育・学校心理学」について，「子どもの心理社会的問題への取り組みや学校生活における問題解決を支援する心理教育的援助サービスの理論と実践の体系」と定義しています。本書では，この定義を参照して，教師やスクールカウンセラーの活動を支える枠組みとして，「子どもが学校生活を通して学び，育つうえで出合う問題解決を援助する心理教育的援助サービスの理論と体系」と定義します。

　広義の教育・学校心理学は，教育心理学と学校心理学の領域の2つの円を足した領域（和集合）となります（図1-2；石隈，2019）。こうしてみると教育心理学と学校心理学の共通部分が大きいことが確認できます。ここで学校心理学を構成する「心理学的基盤」「学校教育の理論と方法」「心理教育的援助サービスの方法と技法」の枠組みを参照に，教育・学校心理学を以下のように整理できます。

　　心理学的基盤：発達心理学，教授・学習心理学，認知心理学，臨床心理学，障害心理学，社会心理学，心理学の研究法
　　学校教育の理論と方法：教育学，教育組織・制度，特別支援教育，生徒指導・教育相談・キャリア教育
　　心理教育的援助サービスの理論と技法：心理教育的アセスメント，授業・カウンセリング，学級づくり・学校づくり，コンサルテーション・コーディネーション

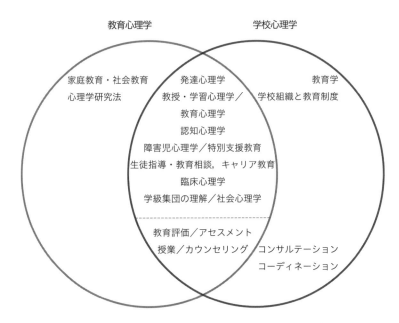

▲図 1-2　教育心理学と学校心理学（石隈，2019 を修正）

3. 教育・学校心理学のテーマと研究

(1) 教育・学校心理学の主なテーマ

　本書は，心理教育的援助サービス（教育実践）と学校教育の理論・方法に焦点を当てて，心理教育的アセスメント（2 章）に続いて，教育・学校心理学の主なテーマである授業づくり（3 章），学校・学級づくり（4 章），生徒指導・教育相談・キャリア教育（5 章），特別支援教育（6 章）について取り上げます。教育実践や学校教育の枠組みの中で，心理学がどう活かされているか紹介したいと思います。

　第 1 に授業づくりでの具体的なテーマとしては，効果的な授業を行うためには教師はどのような役割をもつか，子どもの多様な学習ニーズに応じた授業をどうつくるか，子どもの学習スタイルに合わせた授業をどうつくるかがあります。また子どもの学習の動機づけのメカニズムも重要なテーマです。つまり子どもの学びを促進するための教師の教授に関する知見を教育・学校心理学は提供することが求められています。

　第 2 に学校・学級づくりでの具体的なテーマとしては，学校の教

育目標を達成するためには学校組織をどうつくるか，子どもの相談に応えるための学級や学年をどうつくるか，学校における効果的なチームはどのようなはたらきをもつか，学校教育の充実のためには教師・スクールカウンセラー・スクールソーシャルワーカーはどのように連携するか，などです。つまり子どもの学びや育ちを促進する環境をつくるための知見を教育・学校教育は提供します。

第3に生徒指導・教育相談・キャリア教育の具体的なテーマは，子どもの人格の育ちを効果的に促進するために教師は子どもにどう関わるか，教師が子どもの学校生活に関する相談を行う方法とは，子どものキャリアの発達を理解し援助する効果的な方法とは，などです。つまり子どもの育ちに関わる援助を包括的に行うための知見を教育・学校心理学は提供します。

第4に特別支援教育の具体的なテーマは，一人ひとりの子どもに応じた「個別の教育支援計画」や「個別の指導計画」をどのように作成するか，特別な教育ニーズのある子どもに効果的な援助を行う方法とは，障害のある子どももない子どもも一緒に学ぶ環境とは，などです。

第5に，これらの教育実践に共通する活動である，心理教育的アセスメント，カウンセリング・授業，コンサルテーション，コーディネーションの実践も，教育・学校心理学の重要なテーマになります。2章でアセスメントを取り上げますが，3章から6章でもアセスメント・カウンセリング・コンサルテーションなどの実践モデルを紹介します。

第6に，子どもが出合う問題状況です。主なものとして，不登校，いじめ，非行，発達障害による困難などがあります。多様な不登校の理解や「学校生活」の援助，いじめの予防や対応，非行の理解と非行する子どもの援助，発達障害の理解と子どもの特性を活かした援助などが，教育・学校心理学のテーマです。

(2) 教育・学校心理学の研究

心理学には「人間の心理や行動に関する知見を実証的に示す知の技法」と「人間の心理や行動に対する専門的援助サービス」の2種類があります（下山，1996）。したがって，心理学の研究法は，教育・学校心理学が子どもの学び・育ちの援助に関する知の技法として成立

するために必須となります。心理学研究知見の生産の方法である研究法の中核をなすのが，調査，実験，実践（下山，1996）などのデータ収集です。調査の方法としては，観察法，面接調査法，質問紙調査法などがあります。これらは心理学の諸領域と共通するところが多いです。

　教育・学校心理学の研究法として，アクションリサーチを紹介します。アクションリサーチは，グループ・ダイナミックスの創始者であるレヴィンによって提唱されました。アクションリサーチは実験研究などで得られた研究知見を応用して，日常的な課題の解決をめざす研究方法です。そして①実践の場における課題の同定と精査による仮説の設定（計画段階），②具体的な活動の実践，③活動の有効性と仮説の妥当性の評価（評価段階），④改善して再度同様の過程を繰り返す（修正段階）があります（山口，1999）。①から④の研究の流れは，「授業における問題の発見→授業計画→授業→授業結果の評価・分析」という授業研究の流れと同様です（吉野，2020）。またスクールカウンセラーが子どもとへのカウンセリングや教師・保護者へのコンサルテーションを行うときの，「問題の把握とアセスメント→援助サービスの計画→援助サービスの実践→援助サービスの結果の評価→援助サービスの修正」の流れとも同様です。学校での授業やカウンセリングなどをアクションリサーチとして，活用することができます。

　ただその課題は，実践の質を第一とする教育現場で，研究を計画的に行うことです。大学の附属学校や相談室の場合は，前もって，児童生徒や相談者に，実践が研究をも目的としていることを伝えて了承をとっている場合があります。しかし実際は，「よい実践」を行った後に実践を整理して，子どもや学校に研究発表する許可をとることも多いのではないでしょうか。もう1つの課題は，実践者のスキルや「実践者と参加者（子どもや教師・保護者）との信頼関係」が実践の過程や結果に影響を与えることです。アクションリサーチでは，実践者や人間関係の要因も含めて，実践過程を研究対象にします。したがって，研究結果をどう一般化するかが課題になります（吉野，2020）。アクションリサーチは，研究上の倫理と研究としての質，そして研究結果の汎用性に限界があります。

2節　教育・学校心理学における実践モデル

　学校心理学において発展してきた心理教育的援助サービスのモデルを紹介します。教育・学校心理学の実践モデルとして有用です。

1．心理教育的援助サービスの主なモデル

(1) 子どもの援助の側面

　子どもが学校生活を通して，学び，育つのを援助するとき，学校生活の学習面，心理・社会面，進路面，健康面の側面に焦点を当てます。まず学習面は，子どもが自分の知的発達の特性，得意な学習スタイルを活かして，自主的に学習することを援助します。そして「勉強の仕方がわからない」「やる気が起きない」「授業が難しい」などの学習面の困りや悩みを援助します。次に子どもの心理・社会面は，子どもが自分を理解し，自分の感情をコントロールする心理面（自分とのつきあい）と人と関わり集団と関わる社会面（人との関わり）において適応するよう援助します。子どもの「自分のことがわからない」「ストレスがたまって対処できない」「友人関係で苦戦している」「家族との関係でつらいことがある」などの心理・社会面での困りや悩みを援助します。また進路面は，自分の長所や適性を理解して，将来を展望し，進路について決めていくのを援助します。「どんな職業をめざせばよいかわからない」「自分の適性がわからない」などの進路面での困りや悩みを援助します。最後に健康面では，子どもが自分の心身の健康を理解し，健康生活を維持するよう援助します。「体調が悪く，元気が出ない」「生活リズムが保てない」などの困りや悩みを援助します。重要なことは，学習面，心理・社会面，進路面，健康面は，それぞれ子どもの学校生活の側面であり，子どもの学校生活は1つの球のようなものです。学習面での自信回復は進路面や心理・社会面での問題解決につながり，健康面での不調は学習面にも影響を与えます。子どもを1つのトータルな人格とみることが大切です。

(2) 4種類のヘルパー

　子どもの学び・育ちにおける問題解決の援助の担い手は，専門的ヘルパー，複合的ヘルパー，役割的ヘルパー，ボランティア的ヘルパー

の4種類で整理することができます(石隈, 1999;本書153〜154ページを参照)。専門的ヘルパーと複合的ヘルパーは職業（仕事）としてのヘルパーです。専門的ヘルパーは例えばスクールカウンセラーなどの心理職であり，複合的ヘルパーは教師などの教育職です。専門的ヘルパーは主として子どもの問題状況の予防・解決で力を発揮しますが，複合的ヘルパーである教師は子どもの学び・育ちを包括的に援助します。ここで「専門的」とは心理学などに基づく援助を専ら行うという意味です。また役割的ヘルパーとしては，保護者・家族です。家族は子どもの学び・育ちの促進に大きな力をもつ存在です。そしてボランティア的ヘルパーとしては，子どもの友人や地域の隣人があげられます。子どもが学び，育つ環境における人的資源である友人グループや地域の人々は，子どもの学びや育ちに影響します。教育・学校心理学は教師やスクールカウンセラーらの職業上の援助サービスを支える学問体系ですが，保護者・家族の援助や友人などによる援助にも役立ちます。

(3) 3段階の心理教育的援助サービス

　学校教育ではすべての子どもが援助の対象になります。そして子どもの援助ニーズの程度によって援助サービスを計画し，実践します。3段階の心理教育的援助サービスは，すべての子どもを対象とした「一次的援助サービス」，苦戦しているまたは苦戦の始まった一部の子どもを対象とする「二次的援助サービス」そして特別な教育ニーズのある子どもを対象とする「三次的援助サービス」です（石隈，1999;水野ら，2018；図1-3)。一次的援助サービスでは，すべての子どものために，安全・安心の学級・学校づくりやわかりやすい授業（例：授業のユニバーサルデザイン；小貫・桂，2014)をめざします。二次的援助サービスでは，子どもの学習面，心理・社会面，健康面，進路・キャリア面でつまずいた一部の子どもへの付加的な援助サービスです。また転校生や自然災害を受けた子ども，LGBTの子どもなど，問題をもつリスクの高い子どもも対象になります。そして三次的援助サービスでは，不登校，いじめ，非行，また発達障害による困難などに関して，一人ひとりの子どもに関する「個別の指導教育」「個別の教育支援計画」を作成して教育サービスを行います。図1-3に示すとおり，3

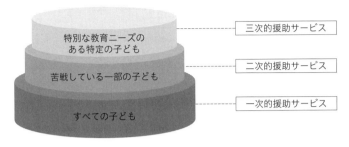

三次的援助サービス

二次的援助サービス

一次的援助サービス

特別な教育ニーズの
ある特定の子ども

苦戦している一部の子ども

すべての子ども

▲図1-3　3段階の心理教育的援助サービス（石隈，1999をもとに作成）

段階の援助サービスは，3階建ての学校教育を支えるものです。一次的援助サービス（1階）がしっかりできていると，二次的援助サービス・三次的援助サービスのニーズは小さくなります。また二次的・三次的援助サービスでの知見を，循環的に，一次的援助サービスの充実に活用することができます（石隈，2012）。

(4) 3層の援助チームのシステム

　心理教育的援助サービスは，3層の援助チームのシステムとして整理できます（第4章参照）。学校組織で子どもの学校生活を援助するには，学校組織や教師・スクールカウンセラーらのチームの力が必要です。3層の援助チームには，マネジメント委員会（学校では企画委員会，運営委員会とよばれます），コーディネーション委員会（教育相談部会，特別支援教育の校内委員会などがあります），個別の援助チームがあります（図1-4）。マネジメント委員会は，管理職（校長・副校長，教頭ら）と学年主任の教師，生徒指導主事などから構成され，教育課程，危機，生徒指導・教育相談などに関する情報収集と意思決定を行います（山口・石隈，2009）。学校のヘッドクオーターです。コロナ禍などの非常事態に入学式・卒業式をどうするかなどについても，この委員会で決定します。またコーディネーション委員会は，教育相談コーディネーター，特別支援教育コーディネーター，養護教諭，管理職，スクールカウンセラーなどから構成され，苦戦している子どもの援助サービスに関するコーディネーション（調整）を行います（家近・石隈，2003）。そして個別の援助チームは，学校を休んでいる子どもの担任，保護者，コーディネーター役の教師（例えば養護

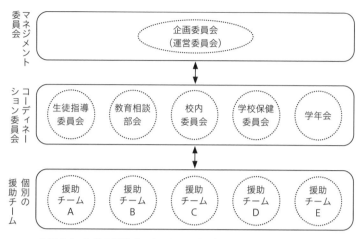

▲図1-4　3層の援助チームのシステム（石隈，1999をもとに作成）

教諭，教育相談コーディネーター）など数名で構成され，該当する子どもについての情報収集，援助案の作成と実施を柔軟に行います（田村・石隈，2003）。

2．心理教育的援助サービスの活動

　教師やスクールカウンセラーの主な援助サービスには，以下の3つの活動があります。子どもの学びや育ちに関する苦戦への援助は，心理教育的アセスメントを行いながらの援助的な関わりといえます。

(1) 心理教育的アセスメント

　子どもの苦戦に関する情報を収集して，子どもの問題・援助ニーズや問題解決に役立つ要因について把握して，今後の関わりについて判断する資料を提供することです。皆さんもどこの大学（院）・学部（専攻）を受験するか，明日はどこに遊びに行くかというとき，本やインターネットで資料を収集したり，他の人から聞いたりして情報を集めて，それらをもとに判断しますね。これを情報に基づく意思決定といいます。アセスメントとは意思決定のための情報収集と意味づけです。学校教育に関するアセスメントですから，心理教育的アセスメントといいます。

　子どもの学校生活の様子，子どもの苦戦の経緯と現状，子どもの自

助資源（問題解決に役立つ自分の強みなど）や援助資源（教師・保護者・友達など）について，情報収集を行います。具体的な方法は2章を参照してください。

（2）カウンセリング・授業

　子どもの問題・援助ニーズについて行ったアセスメントに基づいて行う子どもへの「直接的な関わり」としてはスクールカウンセラーによるカウンセリングがありますが，保健室での養護教諭の面談や授業における工夫も問題解決をめざす援助サービスになります。つまり学校での子どもへの援助サービスは相談室だけでなく，教室などさまざまなところで行われます。学校を休んでいる子どもの家庭訪問をして，子どもの部屋で話すこともあります。大切なのは，子どもが求める援助（援助ニーズ）に沿っているかどうかです。苦戦している子どもの様子を観察したり，子どもと話したりして，子どもの援助ニーズを把握することです。そして授業の工夫やカウンセリングを行いながら，それらが子どもに役立っているかどうか子どもからフィードバックをもらいながら，関わり方を修正していくのです。

（3）コンサルテーション

　不登校などで苦戦している子どもを援助する学級担任の教師は，よりよく援助するためにスクールカウンセラーに相談することがあります。スクールカウンセラーが自らのカウンセリングに関する専門性を活かして，教師が子どもを援助する過程を援助することを，コンサルテーションといいます。スクールカウンセラーは，教師を通して子どもを援助するので，間接的な援助を行っていることになります。具体的には，子どもの苦戦，教師の関わりの苦戦などについて一緒に検討していきます。その過程でスクールカウンセラーは，教師の子どもへの関わりに感想を述べることもあれば，子どもへ関わるほかの方法を提案することもあります。コンサルテーションを行う人をコンサルタント，コンサルテーションを受ける人をコンサルティといいます。コンサルタントとコンサルティは対等な関係であり，コンサルティはコンサルタントの提案にNOということができます。

3. 子どもの学校生活における主な問題状況

　子どもの学校生活における主な問題状況には，不登校，いじめ，非行，発達障害による困難などがあります。

(1) 不登校

　不登校とは学校を欠席している状態を指します。文部科学省の定義では「年度内に 30 日以上欠席した場合」は長期欠席となります。そして不登校は，「何らかの心理的,情緒的,身体的,あるいは社会的要因・背景により,児童生徒が登校しないあるいはしたくともできない状況」にあることとしています。ただし病気や経済的理由によるものを除きます。不登校の児童生徒の割合は，2013 年度から増えてきています。

　不登校は，子どもと学校との折り合いが悪い状態ととらえることができます。学校で要請されること（集団で学ぶなど）や学校の文化（スポーツが盛んなど）と子ども自身の学び方や行動のマッチングのずれ（近藤，1994）が大きい場合です。またいじめを受けたり，学校生活で疲れたりなど，学校と距離を置いている場合もあります。心身ともに疲弊している子どもには休養が必要です。さらに長期欠席には，保護者が教育に無関心であったり，児童虐待が疑われたりする場合もあります。

　不登校の状態の子どもをどう援助するかは，教育・学校心理学の重要なテーマです。多様な子どもの学びや育ちを受け容れるよう学校教育が柔軟に変わっていきながら，地域における適応指導教室やフリースクール（奥地，2015）など多様な学びの場を保障することが求められています。2016 年に教育機会確保法ができて,義務教育段階（小学生・中学生）のすべての子どもが豊かな学校生活を送り，安心して教育を受けられるようにすること，および地域の民間施設など「学校以外の場」が子どもの社会的自立のために必要であることが明記されました。

　一人ひとりの子どもの多様なニーズに応えるために，子どもと学校の折り合いを改善して学校教育を柔軟にすることが求められます。個人と場の折り合い論（田上，1999）では，子どもが学校生活で，①楽しい経験をしている，②よい人間関係がある，③その場での行動に

価値や意味を見つけることができるような援助です。さらに自宅で長く過ごしている子どもが，オンライン授業などで学び続けることができるような工夫にも期待したいと思います。コロナ禍でオンライン授業が整備されてきたことは不登校の状態の子どもにも役立ちます。

(2) いじめ

　1999年，アメリカの高校でいじめに起因する銃乱射事件が起きました。日本でもいじめが要因と思われる自殺が起きています。2013年，いじめの被害者を救済するためにいじめ防止対策推進法ができました。いじめは被害を受けた子どもの教育を受ける権利を著しく侵害し，心身の健全な成長と人格の形成に重大な影響を与えるものとされています。

　心理学では，いじめは，力のアンバランスで生じる（力のある者がない者に対して行う），意図的で，反復的な攻撃であるとされています（Olweus, 1993）。したがって対等な関係で攻撃し合う「けんか」とは異なりますが，いじめとけんかの線引きは難しいです。

　文部科学省のいじめの調査は，いじめ防止対策推進法の定義に基づいて行われます。そこではいじめは，同じ学校に在籍して一定の関係のある児童生徒が行うもので，心理的又は物理的な影響を与える行為であって，被害者が心身の苦痛を感じるものとされています。今日ではインターネットを通じて行われるいじめも増えています。

　いじめの4層構造論（森田・清水，1986）は，いじめに関する代表的な理論です。いじめは学級の病とされ，「被害者」，「加害者」だけでなく，いじめをはやし立てたり面白がって見ている「観衆」，知っていても知らない振りをする「傍観者」が，いじめの促進や抑止に影響します。また被害者が加害者になったり，加害者が被害者になったりしますので，「加害・被害者」という言い方もあります（濱口，2019）。

　いじめの予防と援助は，教育・学校心理学の重要なテーマです。いじめを予防する一次的援助サービスには，いじめを理解する授業や研修会，いじめ防止のルールつくりなどがあります。二次的援助サービスは，「いじめ」の発見とタイムリーな介入です。いじめかなと思ったら，何かあったかなと考えて関わることです。またいじめに関する

アンケートも役立ちます。そして三次的援助サービスとしては，学校では「いじめ対策委員会」によるいじめの事後対応があります。いじめが疑われるケースでは調査を行い，いじめが確認された場合は，いじめ被害者と家族への援助，そしていじめ「加害者」への指導とその保護者への助言です。「加害者」も苦戦していることがありますので，援助ニーズを見逃してはいけません。

(3) 非行

「非行」とは，社会規範から逸脱する行為を指します。少年法では20歳未満を少年として，非行のある少年に対して矯正教育と環境調整を行い，少年の立ち直りをめざすという趣旨です。非行少年には「犯罪少年」（刑事責任年齢である14歳以上20歳未満で，罪を犯した少年），「触法少年」（14歳未満で犯罪少年と同じ行為をした少年），「ぐ犯少年」（20歳未満の少年でこのまま放置すれば将来罪を犯すような恐れがあると認められる少年）の3種類があります。

非行を理解するには包括的な視点が必要です（押切,2019）。子どもの学校生活の理解（学習面の遅れ，両親や仲間との社会的絆，喫煙・飲酒など健康面の問題など），子どもの環境の理解（児童虐待など家庭の問題，不良グループとの関係など），子どもの自助資源・援助資源についての理解など，包括的な理解です。非行の背景にある子どもの自助や立ち直るための資源（リソース）のアセスメントが必須です。

非行をする子どもの援助にも，教育・学校心理学の3段階の心理教育的援助サービスが役立ちます。すべての子どもを対象とした一次的援助サービス（非行予防教育），非行の兆し・不良行為のある子どもを対象とした二次的援助サービス（早期の発見，早期の指導・援助），そして非行の進んだ子どもに対する三次的援助サービス（関係機関と連携しての密度の高い指導・援助）です（國分・押切, 2001）。非行の事例では，状況を確認し，正確な情報を得ることから始めます。そして関係する子どもからていねいに事実を聞き取り，明確に記録します。これは司法・犯罪領域で用いられる「司法面接」と似ています。さらに非行に関しても，学校組織全体，子どもの保護者を含むチームで対応します。非行が進んでいる場合は，警察，児童相談所，保護観察所など地域の関係機関との連携が欠かせません。子どもが非行で補

導や指導の対象になったときは，子どもの環境を見直し，子どもの立ち直りを援助する機会といえます。そして非行に関してはねばり強い援助が必要です。

（4）発達障害

脳の機能（はたらき）の障害によるもので，発達の特性により学習面や行動面で困難をもつ状態であり，その症状は通常低年齢において発現するといわれています。発達障害について整理すると，A「発達の特性をもちながら学校生活で適応している場合」，B「発達の特性のために学習面や行動面で不適応がある場合」，C「発達の特性のための学校生活の不適応により不登校やいじめなどがある場合」があります（宮本，2009）。Cの場合は，発達障害の「二次障害」（二次的問題）といわれます。文部科学省の調査（2012）では，学習面・行動面で著しい困難を示す子ども（発達障害の可能性のある子ども）は，6.5％くらいいるという結果でした。2005年には発達障害者支援法ができ，発達障害のある子どもや大人の支援の制度化が進んでいます。

文部科学省やアメリカ精神医学会の精神疾患・精神障害の分類マニュアルである「DSM-5」（American Psychiatric Association, 2013）に沿って，主な発達障害を紹介します。

①学習障害（Learning Disabilities: LD）

文部科学省では「基本的には全般的な知的発達に遅れはないが，聞く，話す，読む，書く，計算する，又は推論する能力のうち特定のものの習得と使用に著しい困難を示すさまざまな状態をさす」と定義しています。つまり学習障害の特性は学習スタイルの得意・不得意における大きな偏り（でこぼこ）です。学習スタイルには，「聴覚（耳で聞いて処理する）・視覚（目で見て処理する）・運動」「言語・非言語」「継次処理（1つずつ順番に処理する）・同時処理（全体をまとめて処理する）」などがあります。LDは "Learning Differences"（学び方の違い）という表現もあります。学習障害の援助は，子どもの学習場面の観察や個別の知能検査（WISC-Ⅳ，KABC-Ⅱなど）による心理教育的アセスメントにより，知的発達の程度や特徴を理解して，得意な学習スタイルを活かした指導を行うことです。自分に合った学習方法を使うことで，学ぶ力を発揮できます。

② 注意欠如／多動性障害（Attention Deficit Hyperactivity Disorder: ADHD）

　文部科学省では「年齢あるいは発達に不釣り合いな注意力，及び／又は衝動性，多動性を特徴とする行動の障害で，社会的な活動や学業の機能に支障をきたすもの」と定義しています。子どもの特性を理解した関わりによって，ADHD の傾向は年齢とともに軽くなるといわれています。ADHD の子どもは元気があり，おしゃべりで，活動的です。一方ルールの学習が苦手で，トラブルに関わりやすいです。アクセルはきくけどブレーキのきき方が悪い車のようだといえます。ADHD の子どもの援助では，（聴覚や視覚などの）刺激の調整など環境の改善，対人関係の能力を高めるソーシャルスキルトレーニングなどがあります。薬物療法も効果があることが示されています。

③自閉症スペクトラム障害（Autism Spectrum Disorder: ASD）

　文部科学省では，自閉症は「①他人との社会的関係の形成の困難さ，②言語の発達の遅れ，③興味や関心が狭く特定のものにこだわることを特徴とする行動の障害」とされています。そして高機能自閉症は「自閉症のうち知的発達の遅れを伴わないもの」とされています。DSM-5 では，多様な自閉症をまとめて「自閉症スペクトラム」という言い方になりました。ASD の子どもは，こつこつと作業を行うことができる，観察力が鋭いという強みがありますが，他者の感情や場の空気が読めない，比喩が通じない，場面の切り替えに弱いなどの特性もあります。援助では，スケジュール表で授業や行事の場面をわかりやすく示して予測しやすくする，仲介者をつける，休憩を確保するなどがあります。

　発達障害のある子どもの援助を，通常の学級でどう行うかは，教育・学校心理学のテーマです。一人ひとりの子どもの特性や学校生活の状況による援助ニーズを把握して，「個別の指導計画」，「個別の教育支援計画」を作成して援助します。

3節　教育・学校心理学の展望と仕事

1. 研究と実践の往還

　子どもの学び・育ちに関する心理教育的援助サービスを向上させて
いくには，研究知見を実践に活かすと同時に，実践成果から研究知見
を生み出す往還（行き来すること）が必要です。研究成果に基づく実
践を "evidence-based practices"，実践研究からエビデンスが蓄積
することを "practice-based evidence" といいます。

　研究の登場人物には，「知見の生産者」，「知見の伝達者」，「知見の
利用者」がいます。教育・学校心理学に関する知見は，心理学の研
究から生産されることもあれば，教育実践を通して生産することもあ
ります。したがって教育・学校心理学における知見の生産には，大学
などの研究者だけでなく，教師やスクールカウンセラーも参加しま
す。大学の研究者と現場の実践家が協働で研究を行うことが望ましい
といえます。また知見の利用者は，教師やスクールカウンセラーらで
す。所属する学会の学術雑誌（例：教育心理学研究，教育心理学年報，
学校心理学研究，日本学校心理士会年報）を読んだり，学会の大会や
研修会などに出席したりして，子どもの学び・育ちの援助に関する新
たな知見を得て，自らの実践と照らし合わせます。実は実践者が「知
見」を通して自らの実践を振り返り，「知見」を自分の実践の枠組み
に取り入れていく過程で知見の修正も起こります。それが実践の発展
にとっても，研究の発展にとっても重要なのです。その際に力を発揮
するのが，知見の伝達者です。そして知見の伝達者には大学の研究者
や，大学院などで学習したり，学会や研究会で学習を続けている教師
やスクールカウンセラーらです。知見の伝達者は，現場の教育実践に
参加して，助言したりする過程で，新しい知見や研究成果を紹介しま
す。あるいは知見や研究成果が，教育実践の問題解決や実践の改善に
つながる可能性のあるときはその場で試してみます。そしてその試行
の過程で，知見がさらに修正されていくのです。

2. チーム学校

　文部科学省中央教育審議会（2015）から「チームとしての学校の
在り方と今後の改善方策について（答申)」が出されました。「チーム

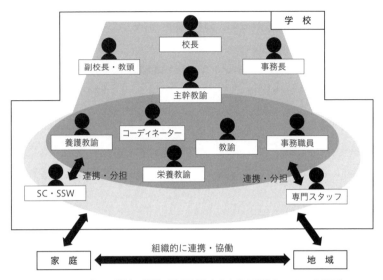

▲図1-5　**チーム学校の構造**（文部科学省中央教育審議会，2015 を修正）

学校」は，学校教育のレベルを維持向上させるために，学校の教職員をチームとして組織化し，連携を強化するという考え方です。チーム学校では，心理の専門家（スクールカウンセラー），福祉の専門家（スクールソーシャルワーカー），特別支援教育の専門家などが「専門スタッフ」として位置づけられます。また「チーム学校」は，「学校の教職員の連携」という側面と，「学校・家庭・地域の連携」という側面があります(図1-5)。したがって「チーム学校」は「チーム学校教育」ととらえることができます。チーム学校は子どもの学び・育ちを充実させるために，学校内の教職員が連携し，学校・家庭・地域の人々が連携するという方針であり，教育・学校心理学の実践の枠組みになります。

　具体的方針として以下の3つがあげられています（文部科学省，2015）。

　専門性に基づくチーム体制：「心理・福祉，特別支援教育などの専門スタッフを学校の教育活動の中に位置づける。また学校・家庭・地域の連携を充実する」——スクールカウンセラーやスクールソーシャルワーカーを含めた教職員の「横の連携」です。

学校のマネジメント機能の強化：「校長や主幹のリーダーシップ，事
務体制の整備等により学校組織が教育目標の下に動くようにする」
——組織としての学校がよりよく機能するための，管理職・教職員
の「縦の連携」です。
教職員が力を発揮できる環境の整備：「学び続ける教師の考え方を踏ま
え，人材育成や業務改善の取り組みを進める」——学校が教職員に
とって，働きやすく，力を発揮しやすい「場づくり」です。文部科
学省が進めている「学校における働き方改革」に期待します。

3. 教育・学校心理学に関する仕事

　子どもの学びと育ちを援助する者は，職業や役割に基づいて行うか，
または自発的にボランティアで行います。教育・学校心理学に関わっ
て，子どもの学びや育ちを援助する職業を紹介します。代表的な仕事
が，教師とスクールカウンセラーです。

(1) 教育職：教師

　学校の教師は子どもの学びと育ちを援助する専門家であり，心理教
育的援助サービスの充実のために同僚教職員や保護者，さらには関係
諸機関と協働する力量が求められます。初等・中等教育（小学校，中
学校，高校など）の教師になるためには，教育職員免許状が必要で
す。学校の教師は校務分掌（役割分担）として，教育相談担当（子ど
もの学校生活に関して，子どもや保護者の相談にのる）や生徒指導担
当（子どもが社会人として成長するようプログラムを実施したり，学
校生活の指導や援助を行う）などの役割をもつ場合があります。また
特別支援教育の専門性をもち，障害のある子どもの教育に関わる教師
や，学校保健の専門性をもつ養護教諭がいます。校長・副校長は，校
務のマネジメント（管理）を行い，教頭は校務のコーディネーション
（調整）を行う重要な役割をもちます。
　また学校を管理する機関として，都道府県や市町村には教育委員会
があります。教育委員会には，指導主事など教師や学校を指導する仕
事があります。都道府県や市町村にある教育センターは，教育上の問
題に関して相談を受けたり，教育に関する研究や教師への研修を行っ
たりします。適応指導教室（教育支援センター）は，市町村などに，

不登校の子どもの自立をめざして，学習援助やカウンセリングなどを行います。これらのセンターの担当者には教師と心理職がいます。

　日本の教師の仕事の幅は広く，アメリカの職業でいえば，教科を教える教師，子どもの学校生活の相談に応じるスクールカウンセラーやスクールサイコロジスト，学校と家庭・地域の連携を促進するスクールソーシャルワーカーの役割も重ねもっているといえます。文部科学省では「学校における働き方改革」を進めています。歴史的に成熟している教師の仕事が，教師だからこそできる「仕事の質」重視になり，「仕事の量」が調整できる方向に進むことを願っています。

(2) 心理職

　学校教育の一環として子どもの援助サービスを専門的に行うのが，スクールカウンセラーです。スクールカウンセラーは，子どもや環境の心理教育的アセスメント，子どもに対するカウンセリング，保護者や教師に対するコンサルテーション，心理教育的援助サービスのコーディネーションなど，心理教育的援助サービスを専門的に行う者です（石隈，1999；日本学校心理学会，2016）。スクールカウンセラーになるには，公認心理師，臨床心理士，ガイダンスカウンセラー，学校心理士などの資格が求められます。特に公認心理師は2015年に誕生した心理支援の国家資格です（石隈，2019）。ここで注意してほしいのは，「スクールカウンセラー」は職業の名前で，公認心理師や臨床心理士は「資格」の名前です。医師や教師は，職業名と資格名が重なっています。1997年に不登校の増加といじめ自殺の問題をきっかけにして，スクールカウンセラーが文部科学省（当時の文部省）の事業として中学校に派遣されました。それ以降スクールカウンセラーは全国の学校で勤務しています。

　また教育委員会の機関である教育センターや適応指導教室（教育支援センター）のスタッフ，発達障害の子どもの援助のために特別支援教育の巡回相談を行う心理職，心理クリニックのカウンセラー，児童相談所の児童心理司なども，教育・心理学を活かした専門的ヘルパーです。

（3）福祉・保健医療・司法領域の専門家

　学校教育に関わる福祉職には，スクールソーシャルワーカーや児童相談所の児童福祉司（ケースワーカー）がいます。スクールソーシャルワーカーなどは，社会福祉の専門性を活かして，子どもの家庭での状況を把握して，家庭と学校，そして地域が連携して子どもの学校生活の援助サービスを提供します。子育てに苦戦している家庭や貧困の家庭に対して，相談にのったり福祉サービスを紹介したりするなどして，家庭の状況が子どもの学校での学び・育ちにマイナスに影響しないようにします。保護者の孤立を防ぎ，児童虐待防止にも貢献します。

　保健医療領域での医師・保健師・看護師なども子どもの育ちを援助します。特に小児科医は子どもの診察の後，保護者と時間をとって子どもの健康について話します。また心療内科医・精神科医は，子どもの心身の不調，自殺願望などに関して相談にのります。保健師・看護師などは，母子保健の立場から，乳幼児からの子育ての援助をします。発達障害に関連した身体的な問題やADHDの薬物治療なども，医療職による子育て援助です。

　子どもが「非行」で補導・逮捕されるのは，子どもの人生の危機であり，立ち直るきっかけともいえます。そこで非行少年が出会うのが，警察官・少年補導センター職員，家庭裁判所の調査官，少年鑑別所や少年刑務所の所員などです。

　子どもの学び・育ちを支える教育・学校心理学は，心理学と学校教育だけでなく，保健医療，福祉などとの知見を統合し，融合して，「学び・育ち援助学」として発展していくことが期待されます。教育・学校心理学は，子どもの将来と持続可能な社会の未来に関わる学問です。皆さんに興味をもっていただけると，嬉しいです。

「日本教育心理学会」の活動について

　日本教育心理学会（以下，本学会とする）は，本稿執筆時点で創基69年を迎える，日本の教育に関する学術研究団体です。ここでは，本学会のホームページで紹介されている記事を参考に，学会の概要を紹介するとともに，本書『教育・学校心理学』との関係で，最近の話題を紹介します。

● 概要

1) 沿革

　本学会は，1952年に設立された「日本教育心理学協会」を母体として，1959年11月1日に創立された学術団体です。2005年10月31日より，日本学術会議の協力学術研究団体となっています。また，2013年4月1日からは「一般社団法人 日本教育心理学会」となり，現在に至ります。2020年3月31日時点の会員数は5,703名です。

　なお，本学会は，教職経験や教育心理学にかかわる実務経験のある者，大学や大学院で教育心理学や関連領域を専攻した者であれば，入会審査を経たうえで会員になることができ，以下に述べる総会や学会誌に，それぞれの審査基準を満たせば研究成果を発表することが可能です。

2) 総会

　本学会は，会員参加による総会を年1回開催し，「教育心理学」に関する研究成果の発表を促進してきました。第1回総会（1959年10月31日〜11月1日）から第61回総会（2019年9月14日〜16日）まではフル企画（シンポジウム，ポスター発表等）で行われましたが，2020年9月19〜21日開催予定だった62回総会はCOVID-19感染症拡大によりオンライン開催となり，ポスター発表のみとなりました。

3) 学会誌

　本学会は「教育心理学」の発展に寄与するため，会員の投稿論文が査読を経て掲載される『教育心理学研究』（年4回発行）と，教育心理学にかかわる研究のまとめと展望が掲載される『教育心理学年報』（年1回発行）を機関誌として発行しています。これらの機関誌は，インターネットから電子版（Jステージ）で閲覧できるようになっています。

4) 公開企画

　本学会は，上記の「総会」や「学会誌」での会員による研究成果の発表以外に，毎年，非会員向けの「公開シンポジウム」を開催するなど，教育心理学の成果を広げるための様々な活動を行っています。

　例えば，2020年度は12月に「コロナ状況下において学校は対話的な

学びをどう展開していくのか──子どもたちの成長を支えるために教育心理学が貢献できることとは」をZoom ウェビナーを用いた オンラインで開催しました。また，近年，社会問題ともなっている「ハラスメント」に関してハラスメント防止委員会を設置し，公開シンポジウムをほぼ毎年開催しており，2021 年 7 月には「アカデミックハラスメントの構造──指導？それともハラスメント？」が行われます。

「日本学校心理学会」の活動について

日本学校心理学会（以下，本学会とする）は，2021 年に 20 周年を迎えた学校心理学に関する学術団体です。日本学術会議の協力学術研究団体でもあります。本学会は心理教育的援助サービスの充実および学校心理学の発展をめざした学会です。会員は研究者・学生・大学院生はもちろん，幼稚園・保育園から大学までの教師，養護教諭，管理職，スクールカウンセラー，スクールソーシャルワーカー，また地域の相談員，教育行政の担当者，医療・福祉領域の援助者，そして保護者のリーダーなど，多様です。ここでは，学会の概要を紹介するとともに本書『教育・学校心理学』との関係で，最近の話題を紹介します。

● 概要

1）沿革

本学会は，1999 年「日本学校心理学研究会」として設立され，2003年に「日本学校心理学会」になりました。2021 年 3 月 31 日時点の会員数は 1,000 名を超えました。会員は 20 代〜 60 代以上まで幅広いです。

なお，本学会は，心理教育的援助サービスの研究，研修，学習，あるいは実践を行っている者が入会審査のうえで会員になることができます。学生会員や大学院生の会費減額制度があります。

2）大会

本学会は，会員参加による大会を年 1 回開催し，「学校心理学」に関する研究成果の発表を促進してきました。第 1 回大会（1999 年筑波大学）から第 21 回大会（2019 年聖徳大学）まで行われました。第 22 回大会は，Covid-19 感染症拡大により中止になりました。大会では基調講演・教育講演，シンポジウム，ポスター発表等があります。とくにポスター発表は会員の研究・実践成果の交流の場になっており，「やさしくためになるコメントがもらえる学会デビューの場」としても好評です。また 2018 年は，ISPA（国際学校心理学会）東京大会を日本学校心理学会と日本学校心理士会が中心となって引き受けました。学校心理学会の大会と ISPA の大会を同時開催（東京成徳大学）となり，世界の 44 か国から学校心理学の実践家・研究者の参加があり，国際交流ができました。2021 年度は 9 月にオンライン大会（福岡大会）を行う予定です。

3）学会誌

本学会は「学校心理学」の発展に寄与するため，会員の投稿論文が査読を経て掲載される『学校心理学研究』（年 1 回〜 2 回発行）があり，原著論文，

実践報告, 展望論文, ショートレポートが掲載されます。学会誌は, 電子版（J
ステージ）を通して閲覧できるようになりました。なお 2021 年度は「新
型コロナウイルス感染症と心理教育的援助サービス」の特集が組まれ，全
国とアメリカから，11 編の実践・展望が掲載されました。

4）ニュースレター

　本学会では会員の交流のために「JSPA letter」が毎年数回発行されてお
ります。大会や研修会の様子や学会各種委員会からの報告など，最新の情
報が載っています。

5）研修会

　本学会の魅力の一つは，研修会です。近年は毎年 3 回（4 月 29 日，11
月 3 日，2 月 11 日の祝日）に行われます。第一線で活躍される研究者・
実践家に講師をつとめていただいています。コロナ禍で 2020 年度からオ
ンライン研修会を取り入れています。

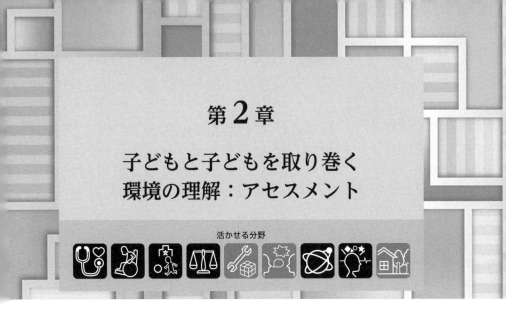

1節　アセスメントとは何か

　「授業中にすぐに離席してしまう」「課題に集中できない」「他の児童生徒とのトラブルが多い」「不登校・登校しぶりの傾向が続いている」など，行動が気になる子どもたちへの対応は，近年，その重要性が増しています。それぞれの子どもがとる行動には，そこに原因や意味があります。必ずしも意識化できているとは限らず，無意識にそうした行動をとる場合もあります。また，原因が子ども本人ではなく，友人関係や家族といった子どもを取り巻く環境にある場合もあります。

　個々の子どもたちに寄り添う支援を考えるとき，まずその子どもと子どもを取り巻く環境について知ることから始めなければいけません。それがアセスメントです。

1. 心理教育的アセスメント

　石隈（1999）は，学校教育における子どもの心理教育的援助に関するアセスメントを，特に心理教育的アセスメントとよび，以下のように定義しています。

　　心理教育的アセスメントの定義：「援助の対象となる子どもが問題に
　　取り組むうえで出会う問題や危機の状況についての情報の収集と分

析を通して，心理教育的援助の方針や計画を立てるための資料を提供するプロセスである」

　心理教育的支援の対象となるのは，子ども本人だけではあるとは限りません。子どもが出合う多くの問題が，環境（家族，学校，地域社会など）との相互作用によって生じるからです。心理教育的アセスメントの対象は，子ども本人だけではなく，その環境を含めた全体であると理解する必要があります。

2．学校教育におけるアセスメントの方法

　学校教育におけるアセスメントにおいては，学習面や行動面などについて，子どもとその環境と相互作用の視点から情報を得る必要があります。

　学習面に関するアセスメントでは，大まかに何年生レベルの学力に達しているか，学習上のつまずきのある内容について，どのような教科，領域，分野なのか，そして，解き方や間違え方の特徴はどんなものかを評価する必要があります。

　行動面に関するアセスメントでは，教師やスクールカウンセラー（公認心理師や臨床心理士などの資格を有する心理支援の専門家），スクールソーシャルワーカー（社会福祉士や精神保健福祉士などの資格を有する主に環境面から支援を行う福祉の専門家）による子どもの面接や，保護者や教職員からの聞き取りのほか，子どもの行動観察（不安な表情を示していないか，指示を聞けているか，注意を向けそれを持続することができるかなど），服装，さらに子どもの絵画や作文といった作品や後述するさまざまな心理検査からも得られます。

　発達障害が疑われる子どものアセスメントにおいては，特別支援コーディネーター（特別支援を実施するための教育機関や医療機関との連携，家族などへの相談を行う教員）からの情報も必要となります。

　このほか，個別指導計画や引き継ぎ資料，医療機関や福祉機関などの学外の他機関からの情報も重要となります。

3．アセスメントにおける情報収集

　アセスメントによって収集される情報には，大きく分けて量的情報

と質的情報とがあります。量的情報は，発達検査，知能検査，性格検査などの検査結果であり，質的情報は，成育歴，療育歴，既往歴，家庭環境，面接結果，指導記録などの情報（背景情報とよばれます）や検査中の行動観察などです。

　検査結果は，客観性の高い量的情報ですが，それのみから現在の状態を説明する仮説を導くことはできません。検査結果にはさまざまな要因が影響を与えます。例えば，記憶の量的側面を測定しようとして，検査者が数字をいくつかいって，これを復唱させる課題を実施したとします。これは順唱課題とよばれ，多くの知能検査において採用されている一般的な課題です。この検査結果には，測定しようとしている短期記憶能力が関わりますが，そのほかにも，注意集中や検査時の不安などが影響を与えます。検査の得点が低い場合，検査時に注意を集中できない理由や検査場面において強い不安を抱く状況が何かあったのかもしれません。検査結果を正しく解釈するためには，こうした背景情報，行動観察を含めて慎重に解釈する必要があります。

4．医学的診断と心理教育的アセスメント

　医学で用いられる診断とは，患者の症状からその予後，経過を明らかにし，治療法を決定する一連のプロセスです。

　心理教育的支援においては，医学的な意味での診断名の決定が，必ずしも支援の方法を決定することにはつながりません。なぜなら，子ども自身とその環境を含めた全体が支援の対象となるのであり，子どもの診断名の決定が，そのまま心理教育的支援の方針や計画の決定に結びつくとは限らないからです。

　心理教育的アセスメントにおいては，子どもとその環境をトータルにとらえる生態学的視点が必要とされます。発達や学習は，子ども自身の要因（認知スタイル，学習スタイル，障害など）とともに，子どもを取り巻く環境（家庭，学校，地域社会など）から多大な影響を受けるからです。子どもの個人差を十分に理解したうえで，生態学的視点に基づき，子ども自身とその環境について包括的なアセスメントを行うことにより，個々の支援ニーズを的確に把握することが可能となります。

5. 心理検査の科学性と専門性

(1) 心理検査の定義

　心理教育的アセスメントにおいては，発達検査（言語，運動，認知，社会性など），知能検査，学力検査，人格検査など，さまざまな検査が用いられます。子どもの注意の問題，多動性，固執性，うつや不安といった心の問題，そして学習上の諸問題は，学齢期に入って突然出現するものではありません。乳児期や幼児期において，その兆候がみられたり，関連する行動がすでに観察されたりしていることが多いのです。そこで，学齢期以降に使用される検査だけでなく，乳幼児を対象としたさまざまな検査についても，十分に理解しておく必要があります。まず，心理検査全体がどのように定義されるのか，みてみましょう。

> 心理検査の定義：「心理検査とは，ある人の行動を観察し，それを一定の数量尺度あるいはカテゴリー・システムによって記述するための系統的な手続きである」（Cronbach, 1970）

　心理検査実施の目的は，検査場面で観察された行動をもとに，典型的な行動を予測することや行動の背景にある心理状態を把握することにあります。検査中の行動（質問に対する言語反応や動作など）は，あらかじめ決められた手続きに従って記録・整理・分類され，その結果から，典型的な行動の予測やその行動の背景にある心理状態を把握します。

(2) 観察法としての心理検査

　例えば，他児とのコミュニケーションの問題を有する子どものアセスメントを行う場合，校庭での自由遊び場面や教室内での友達との関わりの様子など，日常場面の自然な姿を観察することが有効であるかもしれません。一方，数を扱う能力について詳細に評価する場合には，その基盤となる大・小概念や一対一対応の概念，数字を順番に唱える数唱などについて，あらかじめ周到に準備された課題を実施することが必要となります。このように観察を行う場合，その目的によって場

面をどの程度意図的に構成するかが重要となります。

　心理検査は標準化された手続きに従い，対象の行動サンプルを得る方法であることから，観察法の一技法として考えることもできます。こうした視点からみた場合，心理検査は意図的に構成した場面においてあらかじめ準備された課題を実施する「構成的な観察法」であるということができます。

　また，心理検査は，対象となる子どもとの関わりの中で実施されますので，「関与しながらの観察法」としてとらえることができます。心理検査の実施においては，子どもが安心してその力を発揮できるように，検査者と子どもの信頼関係（ラポール）の構築に十分留意する必要があります。

　なお行動観察の方法には，ほかに場面見本法，時間見本法などがあります。場面見本法は，日常生活の中から，反復して現れる行動を選択し，これを組織的に観察する方法です。時間見本法は，対象者の行動をある一定時間観察し，得られた行動サンプルを系統的に分析する方法です。このほかに，日誌法（行動の日誌型の記述）や逸話記録法（行動の偶発的な発生の観察）などがあり，観察の目的に合わせて選択します。アセスメントにはおいては，心理検査のほかに，こうした技法もあわせて用いることができます。

（3）心理検査の科学性

　心理検査が主に測定する対象は，身長や体重といった単純なものではなく，非常に複雑であり，かつ直接観察できない「こころ」のはたらきです。このような対象を測定する場合，何よりもその科学性が保証されていなければなりません。

　その指標として，一般に妥当性と信頼性が用いられます。

①妥当性

　妥当性とは，検査が測定しようと意図している内容と実際に検査が測定している内容が一致しているかということです。心理検査の妥当性には，内容的妥当性，基準関連妥当性，構成概念妥当性などがあります。

　内容的妥当性は，問題や質問の内容が測定したい領域を反映しているかを検証します。例えば学力検査では，学習内容がカリキュラムな

どからあらかじめ決定することができるので，この内容を代表していることが検査に求められます。

　基準関連妥当性は，その検査と関連のある検査と結果が一致しているかを検証します。例えば入学試験の得点がその後の成績と高い相関を示した場合，入学試験は高い妥当性を有していると考えられます。

　構成概念妥当性は，測定しようとしている構成概念をどの程度測定しているかを検証します。例えば新しく開発された知能検査の結果は，それ以前に開発された代表的な知能検査の結果と高い相関を有している必要があります。

　なお，近年の検査の妥当性に関する研究では，構成概念妥当性が最も重視されており，内容的妥当性や基準関連妥当性は，これを担保する下位の概念とする位置づけが定着しつつあります。

②信頼性

　信頼性とは，複数回にわたり検査を実施した場合の得点の一貫性を示す概念です。心理検査の信頼性を測定する方法としては，平行法，再検査法，折半法などがあります。

　平行法は，同一の集団に対して，2つの同内容の検査を実施し，その得点間の相関係数をもって信頼性係数とするものです。平行法は，2つの検査の等価性を示す方法です。

　再検査法は，同一の集団に対して，同一の検査を2回実施し，その得点の相関係数をもって信頼性係数とするものです。この方法は，検査結果の時間的な安定性を示すものです。

　折半法は，1つの検査を2つに分割して実施し，各個人の両検査の得点を求め，その相関係数をもって信頼性係数とするものです。分割の方法としては，例えば知能検査のように難易度順に課題が並んでいる場合，検査項目を偶数と奇数に分ける方法がよく用いられます。折半法は，検査の内部一貫性を示す方法です。

（4）心理検査実施の専門性

　心理検査を正しく実施するためには，その検査法に関する十分な知識と熟達した技能が求められます。特に知能検査などのように実施や解釈に高度な技能が要求される心理検査では，数年単位の修得期間が必要であるといわれています。心理検査の実施にあたっては，各種の

研修講座やケース研究会などを積極的に活用して，その知識と技能を常に研鑽する努力が求められます。そして，未習熟な心理検査については，これを実施しないという検査実施の倫理もまた強く求められるところです。

2節　アセスメントの内容と方法

1. アセスメントにおけるインテーク面接と心理検査

　客観的な量的情報を提供する心理検査は，心理教育アセスメントの中核となる技法です。心理検査の結果は，前述のように，背景情報や検査中の行動観察を加味して解釈がなされます。

　心理検査は，さまざまな場面で実施されますが，代表的な場面の1つとして，教育相談センターなどの相談機関における検査実施があげられます。ここでは，相談機関を例に，アセスメントと心理検査の実施について説明します。

　相談機関では，具体的な支援に入る前に，子どもやその保護者が抱えている問題の把握をするとともに，最適な支援方法を検討することを目的とした面接を行います。これをインテーク面接とよびます。インテーク面接の結果，当該施設・機関において十分な支援が行えないと判断した場合には，他機関への紹介などを行います。

　インテーク面接では，氏名や年齢，家族構成などの一般的な属性のほか，主訴，来談経緯，成育歴，治療歴，薬物投与の有無，学校での状況などを詳しく聞き取ります。また，服装やしぐさ，態度や言動なども重要な情報となるので記録しておく必要があります。必要と判断された場合には，各種の心理検査が実施されます。通常，心理面接は1回1時間程度を目安としますが，心理検査を実施する場合，対象者の心理的負担を考慮したうえで，ある程度延長する場合があります。複数の検査を実施する場合や長時間にわたることが予想される場合には，あらかじめ複数回の面接を設定します。

2. アセスメントに用いられる心理検査

　心理検査には，複数の対象に同時に実施する集団実施式検査と個人に対して実施する個人実施式検査があります。心理教育的アセスメン

トにおいては，主に個人実施式検査が用いられます。集団実施式検査は，スクリーニング検査として用いるべきものがほとんどであり，集団実施式検査において何らかの問題が発見された場合，さらに個人実施式検査を用いて詳細なアセスメントを行う必要があります。以下では，代表的な個別実施式の検査について説明します。

3. 発達に関するアセスメント

　近年，障害の重複化，多様化が一層進む中で，早期からの発達相談の充実が強く求められています。できるだけ早い時期に発達の状態や障害の状況を的確に把握し，個別的な支援計画を作成し介入を行うことにより，成長・発達を促進する必要があります。

　頸定や座位保持，独歩の獲得などの，いわゆる粗大運動発達や，手で物をつかんだり操作したりする上肢機能の発達，いわゆる微細運動発達は，いずれも知的能力の発達と密接に関連しています。乳児や発達早期の幼児においては，運動機能発達と知的機能発達を分けて評価することは困難であり，そのほかの言語発達や対人関係・社会性，情動の発達とともに，全体として評価する必要があります。

　また，学級においてみられる対象児の注意の易転導性や固執性，学習上の諸問題は，学齢期において突然出現するのではなく，幼児や発達早期において，それと関連する行動がすでに観察されていることが多くあります。以下では主要な発達検査をいくつか取り上げ，その特徴について説明します。

（1）遠城寺式乳幼児分析的発達検査法

　適用年齢：0歳〜4歳7か月

　概要：乳幼児の発達を運動，社会性，言語の3領域から総合的に評価する発達検査です。運動領域は移動運動と手の運動，社会性領域は基本的習慣と対人関係，言語領域は発語と言語理解の各領域から構成されています。

（2）津守式乳幼児精神発達検査

　適用年齢：0歳〜7歳

　概要：乳幼児の発達を運動，探索・操作，社会，食事・排泄・生活

習慣，理解・言語の5つの領域から評価する発達検査です。検査は対象の年齢により，1～12か月，1～3歳，3～7歳の3種類に分かれています。検査実施は観察結果に基づくチェック表の形式となっています。

（3）新版K式発達検査2020

適用年齢：0歳～成人

概要：ゲゼル（Gesell, A. L.）の発達診断に依拠し，ビネー（Binet, A.）式検査などの項目を参考として作成された子どもの全般的な発達段階を評価する検査です。乳幼児期の発達検査としては，今日，最も広く使われている検査の1つです。検査は姿勢・運動領域，認知・適応領域，言語・社会領域の3つの領域から構成されており，3領域と全領域のそれぞれについて発達年齢（DA）および発達指数（DQ）が算出されます。

（4）フロスティグ視知覚発達検査（DTVP）

適用年齢：4歳0か月～7歳11か月

概要：幼児・児童用視知覚発達検査です。検査は，Ⅰ．視知覚運動の協応，Ⅱ．図形と素地，Ⅲ．形の恒常性，Ⅳ．空間における位置，Ⅴ．空間関係の5つの知覚技能を測定する下位検査から構成されています。

（5）絵画語い発達検査（PVT-R）

適用年齢：3歳0か月～12歳3か月

概要：言語の理解力の中でも特に基本的な語彙の理解力の発達を短時間で測定するための検査です。提示された4枚の絵の中から検査者のいう単語に最もふさわしい絵を選択させます。きわめて簡単な反応方法を採用しているため，重度の障害をもつ幼児・児童に対しても実施可能です。

（6）ことばのテストえほん

適用年齢：幼児～小学校低学年

概要：話しことばの異常を早期に発見し，正しい治療と指導を行うためのスクリーニングテストです。短時間の面接で，主として就学前

後の子どもの話しことばの異常について評価します。

(7) TOM 心の理論課題検査

適用年齢：3歳〜7歳

概要：自閉症スペクトラム障害児など，社会性の発達に困難を有する子どもが，他者の意図，思考，心の動きをどの程度理解できるかを評価する検査です。

4．認知・知能・学習に関するアセスメント

学習に関する個別の指導計画を作成する際，学習者の学習特性を的確に把握することが不可欠です。興味，関心，意欲などといった学習特性とともに，近年特に注目されているのが認知スタイルの個人差です。認知スタイルとは，知覚，記憶，思考などにみられる比較的安定した情報処理様式のことで，代表的な認知スタイルには，場独立－場依存型，同時処理－継次処理型などがあります。場依存型の子どもは，幅広く知覚的・社会的な枠組みを利用することができます。一方，場独立型の子どもは，枠組みにとらわれない柔軟な問題解決能力をもっています。また，同時処理が強い子どもは，いくつかの情報を視覚的な手がかりに基づいて空間的に統合し，全体的に処理する能力に優れています。一方，継次処理が得意な子どもは，順序性を重視し，時間的・聴覚的な手がかりに基づく処理を得意としています。教育的支援においては，例えば，同時処理が得意な子どもに対しては，同時処理を活用しやすいように教材提示などの工夫を行います。具体的には，同時処理とは，一度に複数の情報を統合し，全体的なまとまりとして処理する処理様式ですので，教材の提示にあたっては，①絵やVTR，コンピュータなど視覚的情報を多くする，②全体から部分へと学習を進める，③要素間の関連性を強調した提示を行う，などにより，学習を促進することが可能であると考えられます。こうした子どもの得意な認知スタイルを活かして学習を促進する方法を長所活用型指導とよびます。

知能検査は，歴史的な発展過程の中で，集団での通常の指導方法では十分な教育効果が得られない子どもの早期発見を目的とした段階から，知的機能を多面的に分析し，診断・治療に役立つ具体的な情報を

提供することを目的とした段階，さらに，学習者の認知スタイルを把握し，個性にあった最も有効な教授法を発見することを目的とする段階へと展開してきました。今日の教育における知能検査の役割は，全般的な知的能力水準の把握とともに，個に応じた適切な支援計画を立案するために，個人の得意な認知スタイルを同定することにあります。知能検査をいわゆるレッテル貼りに用いてはなりません。支援ニーズを的確に把握し，個性を重視した心理教育的支援を行うために，知能検査を使用する必要があります。

(1) 田中ビネー知能検査Ⅴ

適用年齢：2歳〜成人

概要：スタンフォードビネー改訂版をもとに，田中寛一らにより作成された知能検査です。1歳級から成人級まで各年齢段階に応じた検査項目が配列されており，検査結果は精神年齢（MA）および知能指数（IQ）として示されます。田中ビネー知能検査の最新版は2003年版の田中ビネー知能検査Ⅴです。本検査から成人用（14歳以上）の問題では，「結晶性領域」「流動性領域」「記憶領域」「論理推理領域」の4領域に分類され，検査結果は従来のIQではなく領域ごとの評価点や領域別DIQ，総合DIQの5つの指標とプロフィールで示されます。

(2) WISC-Ⅳ

適用年齢：5歳0か月〜16歳11か月

概要：世界でも広く利用されている代表的な児童用知能検査です。全15の下位検査（基本検査：10，補助検査：5）で構成されており，10の基本検査を実施することで，全般的な知的発達の指標となる全検査IQ (FSIQ) および「言語理解指標（VCI）」「知覚推理指標（PRI）」「ワーキングメモリー指標（WMI）」「処理速度指標（PSI）」の4つの値が算出されます。これらから，子どもの知的発達の様相をより多面的に把握することができます。

(3) KABC-Ⅱ

適用年齢：2歳6か月〜18歳11か月

概要：カウフマン博士夫妻によって開発された認知尺度と習得尺度

から構成される検査です。認知尺度は，「継次尺度」「同時尺度」「計画尺度」「学習尺度」から構成されており，子どもの認知処理能力を測定します。習得尺度は「語彙尺度」「読み尺度」「書き尺度」「算数尺度」から構成されており，読み，書き，算数のいわゆる基礎学力を測定します。認知能力と基礎学力が測定できることにより，両者の差異の様相と関連要因の分析が可能になり，支援・指導といった教育的なはたらきに直結する検査として利用できます。知能と基礎学力にアンバランスを示す学業不振や学習障害を有する子どもに，特に有効な検査です。

　また，集中力が高い，忍耐強く取り組む，注意が維持できない，衝動的に誤った反応をしてしまう，などの検査中にみられた行動を系統的に整理するための「行動観察チェック表」が導入されました。これにより，検査結果に影響を与えるさまざまな要因の分析が可能となりました。

(4) グッドイナフ人物画検査　新版
　適用年齢：精神年齢でほぼ 3 歳〜 8 歳 6 か月
　概要：1 人ないし 2 人の人物像を子どもに描かせて，①人物像の描かれた部分，②人物像の部分の比率，③各部分の明細化などの分析から，子どもの知的発達を評価する検査です。人物画の描写は幼児にとって動機づけの高い課題であるため，検査に対する不安や拒否反応を誘発することなく，スムーズに検査を導入することができます。

(5) 大脇式知能検査
　適用年齢：精神年齢 1 歳 10 か月〜 6 歳 11 か月
　概要：提示された図版の絵柄と同じ模様を，決められた数の彩色された立方体を使って構成させる知能検査です。比較的重度な知的障害児や低年齢の幼児に対しても実施可能です。

(6) LD 判断のための調査票（LDI-R）
　適用年齢：小学校 1 年生〜中学校 3 年生
　概要：学習障害（LD）の特性の有無に関する調査票です。基礎的学力（聞く，話す，読む，書く，計算する，推論する，英語，数学）

と行動，社会性の 10 領域から構成されています。子どもを実際に指導し，学習状況を熟知した指導者や専門家が，普段の子どもの様子をもとに評定します。

5. 情緒・社会性・行動問題に関するアセスメント

　子どもたちは，それぞれの発達課題を通して，心身ともに成長していくのですが，学齢期はその形成期として，子ども自身とその環境（家庭，学校，地域）との相互作用について特に注意深く見守る必要があります。不安や恐怖，苦しみなど，子ども自身が援助者に対して言葉で伝えることができる場合もありますが，低年齢の幼児・児童や知的障害を有する子どもでは，言語化すること自体が非常に困難です。こうした場合には，幼児・児童を対象とした言語を媒介としない投映法を用いることができます。

　情緒面に関する心理検査には，Y-G（矢田部ギルフォード）性格検査といった質問紙法による検査のほか，バウムテストやロールシャッハ・テストをはじめとする，数多くの投映法とよばれる検査があります。投映法は曖昧な刺激に対する個人の反応を通して，外界に投映された内的世界を理解する心理検査です。質問紙法による検査を実施する際に，その検査と検査実施に必要となる領域に関する十分な知識が必要であることはいうまでもありませんが，投映法による心理検査は，その実施と解釈には，高度の知識と技能を必要とするものが多いので，実施に際しては十分な技能の修得が不可欠です。

(1) Y-G（矢田部ギルフォード）性格検査

　適用年齢：小学校 2 年〜成人

　概要：代表的な質問紙法による性格検査です。12 の下位尺度からなり，各下位検査はそれぞれ 10 個の質問項目から構成されています。前半 6 尺度は，抑うつ性，劣等感などの情緒的な安定を評価し，後半 6 尺度は社会的外向性，思考的外向性，支配性などの向性を評価する検査です。

(2) P-F スタディ

　適用年齢：小学生〜成人

概要：24種類の日常場面における欲求不満場面を示した線画を提示し、これに対する反応語の内容および攻撃が向けられた方向などを分析することにより人格を理解する検査です。

(3) バウムテスト

適用年齢：なし（描画が可能であればよい）

概要：A4版の画用紙と鉛筆を渡し、「実のなる木をできるだけ上手に描いてください。画用紙を全部使ってよいですよ」という教示を与えて木を描かせ、描かれた木の分析・解釈を行うことにより、心理的状況を把握する検査です。

(4) SCT（文章完成法テスト）

適用年齢：小学生〜成人

概要：「人に会ってたいてい感じることは……」のような不完全な文章を提示し、思いついた単語や文章を使って文章を完成させ、その内容を分析することにより、文章に投映された人格を理解する検査です。

(5) 内田クレペリン検査

適用年齢：乳幼児〜成人

概要：簡単な一桁の足し算を一定時間連続して行う検査です。検査結果から、人が作業するときの能力、その能力を発揮するときの特徴を判定し、知的能力、性格特性を幅広く評価することができます。

(6) MMPI（ミネソタ多面的人格目録）

適用年齢：15歳0か月〜成人

概要：550の質問項目で構成されている主として病理的側面を測定する人格検査です。基礎尺度（妥当性尺度・臨床尺度）と追加尺度があります。臨床尺度は、心気症、抑うつ、ヒステリー、精神病質的偏倚、男子性・女子性など10尺度から構成されています。追加尺度は、不安、抑圧、顕在性不安、自我強度、腰痛、頭頂葉・前頭葉損傷、依存性、社会的責任など16尺度から構成されています。

(7) TAT（絵画統覚検査）

適用年齢：児童〜成人

概要：人物が登場する場面を多義的に描いた絵を見せて自由に空想させ，その内容を分析して人間関係や社会的態度，内面的願望，不満，不安などを評価する検査です。

(8) ロールシャッハ・テスト

適用年齢：幼児〜成人

概要：10枚の左右対称なインクブロット（インクを白紙に落としたような左右対称の図形）を見せ，これに対する反応を分析することにより，人格などを明らかにする検査です。ロールシャッハ・テストには，いくつかの実施・解釈法があり，わが国で使用されている代表的な方法として，片口法，エクスナー法などがあります。

(9) S-M式社会生活能力検査第3版

適用年齢：乳幼児〜中学生

概要：知的障害児の社会生活能力の評価を目的として作成された検査です。身辺自立，移動，作業，コミュニケーション，集団参加，自己統制作業の6領域から構成されており，対象児の日常をよく知っている保護者や教師が，質問項目に回答を記入する方法をとっています。

(10) Vineland-II適応行動尺度

適用年齢：0歳0か月〜92歳11か月

概要：適応行動の発達水準を幅広くとらえる検査です。コミュニケーション，日常生活スキル，社会性，運動スキル，不適応行動の5つの領域から構成されています。検査者が対象者の様子をよく知る保護者，介護者などから聞き取る方法をとっています。

6. 学級・学校環境のアセスメント

　学校教育を考える場合，子どもが在籍している学級や学校環境についてアセスメントすることも大切です。学級は，教師と児童・生徒がつくり上げる1つの社会です。そこには，学習意欲や生活意欲，学

校生活に関する満足感を左右するさまざまな人間関係が構築されています。問題を抱えて苦戦している子どもの支援を行う場合，その子どもを取り巻く環境としての学級・学校環境のアセスメントを生態学的視点に基づき行うことは，具体的な支援に向けてたいへん有用な情報を得ることができます。

(1) ソシオメトリック・テスト

適用年齢：規定なし

概要：同じ学級の児童・生徒などの集団構成員間の人間関係を「選択（好き）」と「排斥（きらい）」を軸に分析する手法です。分析結果をもとに，相互選択関係（互いに選択している関係）や相互排斥関係（互いに排斥している関係）を図示したソシオグラムが作成されます。

(2) Q-U

適用年齢：小学1年生～高校3年生

概要：学校生活意欲と学級満足度の2つの尺度で構成されています。学級経営のための有効な資料が得られ，学級診断アセスメントとして活用することができます。いじめや不登校などの問題行動の予防と対策として，「ネット上の侵害感」（小学4～6年生用以上）と「部活動」（中学生用以上）に関する質問項目が追加されました。

(3) 学級風土質問紙

適用年齢：規定なし

概要：学級がもつ個性を学級風土としてとらえて測定する質問紙です。児童・生徒に対して，学級の様子やクラスメイトの様子に関する質問を行います。質問紙は，「関係性」「個人発達と目標指向性」「組織の維持と変化」の3領域から構成されています。

7. 検査バッテリーの組み方

複数の検査を組み合わせて実施することを「検査バッテリーを組む」といいます。検査を組み合わせることによって，各検査を単独で実施した場合では得られない多面的な視点を提供します。検査バッテリーの各検査はお互いに情報を補完する関係にあり，また内容が重複した

検査間では1つの問題に対して複眼的な見方を提供します。

　検査バッテリーを組む際には，まずバッテリーの中心となる検査を決定する必要があります。対象や検査目的によって異なりますが，学校教育の場面では，学習上の問題が中心となるため，WISC-ⅣやKABC-Ⅱといった知能検査が用いられることが多いでしょう。中心となる検査を決定したのち，これを補完する検査を順次決定してゆきます。視覚あるいは聴覚的認知機能について詳細な検討が必要な場合は，フロスティッグ視知覚発達検査やことばのテストえほん，絵画語い発達検査を組み入れます。また，社会生活能力については，新版S-M式社会生活能力検査を，子どもの情緒的な問題や父，母，兄弟などの家族との関係をアセスメントしたい場合には，バウムテストやSCTなどの性格検査を組み合わせる方法が用いられます。

8．解釈と報告書の作成

(1) 解釈上の留意点

　検査結果は，それのみから解釈することはできません。子どもの日常の行動や検査中の行動，背景情報（医療歴，相談歴，療育歴，成育歴，家族構成，成育環境など）などを精査したうえで，知能・学習の理論，発達心理学，神経心理学などの研究成果に基づき解釈を行います。そして，何よりも子どもの支援に結びつくものでなければいけません。

　複数の検査を用いて検査バッテリーを組んで実施した場合，検査結果の解釈は，はじめに検査ごとに行います。次に各検査の基礎的な解釈とその他の情報を合わせて総合的解釈を行います。これらを総合して，支援に関する助言や具体的な計画について記述します。

　検査を実施した結果，2つの検査で相反する結果が出る場合があります。例えば，短期記憶について，ある検査では高い得点が示され，また別の検査ではむしろ低い得点となるといった場合です。短期記憶検査の場合，検査に与える二次的要因として注意障害や検査場面での不安などが考えられます。この場合，1回目の検査の際には検査者と子どもとの信頼関係がまだ十分に形成されておらず，検査に対する強い不安が記憶課題に影響を与えたということが1つ考えられます。また，注意そのものに障害を有しており，検査課題の内容の違いや検査が実施された状況によって異なる結果を示したのかもしれませ

ん。いずれにせよ，そこにはきわめて重要な事項が隠れている場合が多いので，検査結果の矛盾は，その他の検査結果や検査場面の行動観察などを含めて慎重に検討する必要があります。

（2）報告書の作成と報告

報告書においてはアセスメント全体の目的に沿って，実施結果と所見が述べられていなければなりません。さまざまな事柄が検査結果から明らかになりますが，報告書に記載する内容は，あくまで主訴や検査目的に沿って記載すべきです。

報告書を作成する場合，読み手を常に意識することが必要です。報告の対象者が心理・教育の専門家であれば，その内容の記述は，専門的な用語を使用して簡素にまとめます。子どもとその保護者に対して報告する際には，説明は要点を押さえた簡潔なものであるとともに，難解な専門用語の使用はやむを得ない場合を除いて避けるべきでしょう。

なお，対象となる子どもとその保護者のプライバシーに関わる情報を多く取り扱いますので，後述のプライバシーの保護に十分な配慮がなされなければなりません。

9．アセスメントにおけるインフォームド・コンセントとプライバシーの保護

どのような支援であっても，その主体は常に支援の対象者です。支援を行う専門家ではありません。支援の中では，対象者の主体性が尊重されます。アセスメントを含め，専門家が示す支援の方法や内容を理解して，対象者自身が主体的に選び取ることが何よりも尊重されなければいけません。

アセスメントで得られた情報は，原則として対象者に属します。専門家は，支援の要請に基づき，それにおいて必要な範囲において，対象者の個人情報である検査結果が専門家に開示されます。検査を行う際には，まず本人の同意を得ることが重要となりますが，さらに検査結果をどのように伝えるのか，どのように保管するかもまた大切な問題です。

(1) インフォームド・コンセント

　インフォームド・コンセントは，「説明・理解と同意」あるいは「説明と理解・選択」などと訳されることがありますが，いずれも内容を十分に表現していないことから，今日では原語のインフォームド・コンセントをそのまま用いています。インフォームド・コンセントは，基本的に①知る権利，②専門家の説明義務，③自己決定権という，3つの要素から構成されています。

　このうちインフォームド・コンセントの中心は，自己決定権の行使にあります。支援の主体は，援助者ではなく，支援の対象となる子どもやその保護者・家族です。対象者自らが人生を主体的に選び取ることが，何よりも尊重されなければいけません。その自己決定権を行使するために，知る権利を行使し，支援の専門家は説明の義務を果たさなければいけません。

　心理教育的アセスメントにおいても，その目的と情報の利用の仕方について，子ども本人や保護者から十分な理解を得ておくことは重要です。年齢，理解度，心理的状態を考慮し，何らかの理由によって子ども本人の了解が困難な場合には，保護者や関係者に対して十分な説明を行う必要があります。

　支援はアセスメントの段階からすでに始まっています。例えば，教育相談センターや児童相談所など，相談に訪れた本人やその家族が最初に出会うのは，面接による聞き取りやアセスメントを行う担当者になります。学習支援やカウンセリングなどのその後の具体的支援を行う担当者と同じ場合も違う場合もありますが，最初に面接やアセスメントを行った担当者との関係は，その後の支援に大きく影響します。担当者が，子どもや保護者の心に寄り添うことを忘れてはいけません。例えば，心理検査を実施する際に，対象者との関係性を十分にとることをせず，相手の目を見ることもなく，機械的に心理検査を実施したとすれば，その後の具体的な支援において不可欠となる，相談者と担当者との信頼関係をはじめから崩してしまうことになります。「支援はアセスメントの段階からすでに始まっている」という認識がとても重要となります。

(2) プライバシーの保護

　家庭環境に関する情報や心理検査結果など，アセスメントのプロセスにおいては，対象となる子どもとその保護者のプライバシーに関わる情報を多く扱います。こうした情報は，その保管において十分な注意が必要であることはいうまでもありませんが，よりよい援助の方法を検討する目的で行われる事例検討やカンファレンスなどにおいて，その情報の一部を公開する必要がある場合にも，資料の内容や配布・回収方法，出席者の制限など，プライバシーの保護に十分な配慮がなされなければなりません。

　学校など（保育園や幼稚園を含む）で検査結果をする場合，その資料が誰の目にふれるか，あるいは利用される際の利用者の専門レベルが明確でないため注意を要します。検査用具や記入済み記録用紙などは，検査の有資格者と学校管理者の責任と管理のもとで厳重に保管しなければなりません。

3節　アセスメントをめぐる課題と展望

　知能検査は，心理臨床の専門家が使用する心理検査の中で，最も使用頻度が高い検査の1つです。ここでは，知能検査における最新の研究動向について紹介したいと思います。前述した認知・知能検査において紹介したKABC-IIは，認知尺度と習得尺度の2つの尺度からなる検査ですが，こうした2つの尺度間の比較を行う検査の解釈法（カウフマンモデル）のほかに，最新の知能論であるCHC理論（例えば，Flanagan & Ortiz, 2001）を用いた解釈法（CHCモデル）を有しています。

　CHC理論はキャッテル（Cattell, R. B.），ホーン（Horn, J. L.），キャロル（Carroll, J. B.）の3人の研究者の頭文字をとって名付けられた知能理論です。CHC理論によれば，知能に関する諸能力は，第III階層（g因子），第II階層（広範的能力）および第I階層（限定的能力）の3つの階層に分けられます。第II階層（広範的能力）は，10個の広範的能力から構成されており，第I階層（限定的能力）は，およそ70個の限定的能力から構成されています。各限定的能力は，第II階層の広範的能力のいずれかに属しています。

CHC 理論は革新的な知能理論であり，WISC-Ⅳや KABC-Ⅱ をはじめとして，現在，世界中で使用されている主要な知能検査は，いずれも CHC 理論に準拠しているか，あるいは何らかの影響を受けて作成されています。

　この CHC 理論の優れた特性を最大限に活かした知能検査の解釈法が，1990 年代後半にアメリカの心理学者フラナガンとオーティス（Flanagan & Ortiz, 2001）によって開発されたクロスバッテリーアセスメント（XBA）です。

　複数の心理検査を組織的に組み合わせて使用する方法は「バッテリー」とよばれ，これまでも多用されてきました。この方法の有用性はすでに多くの臨床家が理解しているところですが，一方でその難しさにも日々直面しています。心理検査は，それぞれ独自の検査理論をもち，その理論に基づき検査が作成されています。基盤となる理論が異なるそれぞれの検査を組み合わせて使うことは，検査結果の解釈を統合する際に大きな支障となります。XBA は，知能検査において，こうした現状を大きく変えるために生み出された解釈技法です。各知能検査の下位検査は，CHC 理論に基づき再カテゴリー化が行われることにより，実施された複数の知能検査は，CHC 理論に基づき，深いレベルで統一的な解釈が可能となり，検査結果をより一層有機的に活用することができるようになります。今後，CHC 理論が普及することで，児童相談所，教育センター，医療機関などで，それぞれ異なる知能検査を受けてきた子どもの検査結果が，1 つの有機的な情報として統合され，支援に活かされる日がくることが期待されます。

現場からみたアセスメント

　心理学的な支援の専門職であるスクールカウンセラー（SC）もチーム学校の一員としての幅広い活動が期待されるようになりました。ところで，SC が学校で活動する以前から，教育相談所や民間のカウンセリングルームなどの専門機関で子どものカウンセリングは行われてきました。こういった専門機関は日常生活から切り離された場面という性格をもっています。一方，学校という場は，子どもにとっては毎日の日常生活の場としてとらえることができます。そのため，専門機関でのカウンセリングとスクールカウンセリングでは，その性格や特質にさまざまな違いがあります。SC が学校現場で活動する際には，学校現場に適したスタイルで活動していくことが求められるのです。アセスメントについても，学校現場に合った方法で実践していくことが大切なのです。

　例えば，SC が支援の対象としているのはその学校に所属しているすべての児童生徒です。SC は現在のところ週に 1 回 8 時間程度の活動です。そのため，ある特定の子どもとのカウンセリングだけを長期間継続して続けていくことは SC の活動としては不適切です。1 人の生徒にカウンセリングとしてかけられる時間は限られたものにならざるを得ません。実際，学校では，数回だけのカウンセリングで終結するケースも多いです。アセスメントも短い時間で適切に行っていくことが求められます。

　また，学校で行われる指導や支援は学校の日常生活を通して行われています。そのため，学校で成長していくことを目指したカウンセリングが求められるのです。アセスメントも，学校で成長することにつながるように，子どもを理解していくことが大切なのです。無意識の深層を理解するようなアセスメントよりも，現実的日常的な心の動きを理解するアセスメントが求められます。

　アセスメントの方法として，まず第 1 には面接があげられます。学校での面接は，日常生活の延長線上という側面をもっています。子どもが「先生に勧められたから相談に来た」などと問題意識が少ない状態で相談に来る場合もあります。「なんとなくおしゃべりに来ました」などと軽い気持ちで来談する場合もあります。こういったことから，初対面の子どもともよい関係をつくりつつ，その子どもを理解していくようなアセスメントが必要となります。また，限られた時間の中で行う必要があります。そういったことから，面接のルーチンをある程度定め，それに対する子どもの反応を手がかりにしてアセスメントを行うことも 1 つの方法です。筆者の工夫を一例として紹介します。初回の面接ではまず SC から自己紹介をしま

す。その後に，子どもに自己紹介を求めます。その際，名前はフルネーム
で聞いて，漢字でどのように書くかについて口頭で説明を求めます。子ど
もは必ず正解を知っていることですので，答えを間違える不安がありませ
ん。一般に，子どもからの自発的な発言が少ない場合には，話すことその
ものに抵抗がある場合と，何を話せばよいかわからない場合があると考え
られます。名前の説明には，後者の問題はまったく生じないため，面接へ
の抵抗をアセスメントする一助となります。また，授業時間中の場合には，
そのときの授業の科目を聞きます。答えがあった場合には，今習っている
単元を聞くことを手順にしています。自分の名前についてと同じ性質をも
つ質問であることと，ある程度は学校や学習への適応状況を推測すること
ができる質問だからです。次に，SC から生徒自身について「○○さんっ
てどんな人？」と尋ね，自分自身についての説明を求めるようにしています。
この質問は，子どもにとっては難しい質問です。「友だちからは，面白いっ
ていわれる」など，他人から見た自分について答えがある場合には，他者
との関わりの中で自分をある程度出すことができているのではないかとと
らえられます。実際は，こういった答えがあまり得られず，「えー，わかり
ません」などという反応が多いものです。SC からは「例えば，面白いと
か，まじめとか，静かとか，元気とか，いろいろあるでしょ，どれが近い？」
と具体的に問いかけてみるようにしています。この投げかけに応じて，子
どもから「（私は）どちらかというと○○かなぁ」と答えてくれることが大
半です。なお，この質問にも答えが得られないことも稀にあります。その
場合には，自己表現や自己理解に課題があるのではないかとアセスメント
することにつながります。

　次に，得意なことや好きなことについて聞くことを手順としています。
話しやすい雰囲気づくりや生徒との関係づくりとしての意味が大きいので

すが，子どもの自助資源を理解することにも大変役立ちます。好きなマンガやゲームやタレントなどを具体的に聞くようにしています。この話の流れで，頑張っていることも聞くようにしています。こんなふうに，ある程度決まった手順で面接をスタートして，同じ手順で進めるようにしています。そのことによって，SC が，生徒による反応の違いを明確に感じ取ることができると思います。それが生徒 1 人ひとりのアセスメントにつながっていきます。

　このような工夫は，特別なものではなく，心理検査によるアセスメントともつながっている方法です。心理検査は構造と刺激を厳格に定めて，それへの子どもの反応を数多く集め整理したものです。面接の手順をある程度定めて子どもの反応を見ていくことも本質的には共通している方法だと思われます。もちろん，心理検査と比べてアセスメントの妥当性や信頼性は低いのですが，子どもへのさまざまな負担が非常に小さいと思われます。

　次に，第 2 のアセスメントの方法として観察についての工夫を紹介します。学校では教室まで見にいけば子どもの日常の様子をすぐに見ることができます。観察は SC にとって，非常に大切なアセスメントの方法だといえます。授業中に観察する場合には，担任や授業担当の教員から事前に許可を得ておくことが大切です。授業担当の教員が不信がってしまうと，それを子どもも敏感に察知してしまい，アセスメントの結果に影響を与えてしまうからです。教室に入るときには，一礼をして入るようにします。教室では，立つ位置にも配慮して授業の邪魔をしないようにすることが最も大切です。また，教室内でメモをとらないで，一通り記憶し教室を出てからメモすることをお勧めします。記録されているということは，授業者にとっても子どもにとっても不安を喚起させられるものです。子どもがメモの内容に興味をもって見に来たりしても，授業の邪魔になってしまいます。他には，観察の対象となっている子どもだけを見るのではなく，他の子どもの様子も見ることが大切です。観察の対象となっている子どもばかりを見ていると，それが伝わって行動が影響を受けてしまうかもしれません。また，他の子どもの様子を知ることによってその子どもの特徴がわかることもあります。

　観察のポイントは，プロセスを観察することです。ノートのとり方の観察を例にします。結果的にノートがとれているかどうかではなく，どのようにノートをとったのかということが大切です。まず授業者の指示を聞いてノートをとり始めたのか，友人の様子に気づいてとり始めたのか，他から指摘されてからとり始めたのか，という点の違いは重要です。また，黒板の文字を何度も見て写しているのかどうかも重要です。子どもによっては，単語の途中で黒板を見直していることもあります。この場合は，意味を理解せずに写している可能性が高くなります。さらには，ノートを書き

終わってからどうしているのか，隣の子どものノートと見比べたりするのか，違うことに注意が向いてしまうのかなども重要です。

　他には，教室に貼ってある絵や習字，感想文などの作品からアセスメントの情報を集めることも観察の一種です。ただし，作品には教員の手が入っていることもありますので，その点には注意が必要です。作品の理解には，バウムテストや風景構成法，SCTなど，投映法の知識が役に立ちます。ただし，作品作成は投映法の実施方法とは違った手順で行われているので，理解は慎重に行わなくてはなりません。また，他の子どもの作品を広く見ることも大切です。その子どもの作品を適切に理解することにつながるからです。

　最後に，聞き取りでの工夫について説明します。SCは学校の教職員，子どもの家族，友人といった多くの関係者から子どもについての情報を得ることが可能な立場です。それだけに，SCの活動では聞き取った情報をアセスメントに活用することも大切です。様々な立場の人から得られた情報は，その子どもを多面的にアセスメントすることにつながっていきます。しかし，関係者からの聞き取りでは，話してくれた人の判断や評価が混じってくることが多いので，注意する必要があります。例えば，「A男は意地悪なんです」などという情報は，事実が表現されているのではなく，そう話した人の受け止め方が表現されています。つまり，ある事実関係（例えば，友だちの消しゴムを勝手に使っている）があって，それについて，話した人が「意地悪でやっているんだ」と受け止めたというプロセスがあって，「A男は意地悪なんです」という表現になるのです。そのため，どのような事実関係があったのかについて具体的に情報を得ることが大切になります。

第3章

授業づくり

活かせる分野

　本章の標題にある「授業づくり」の「授業」とは，日々，学校の教室を中心に教師が子どもたちとともに行っている授業をつくることです。「授業」は，子どもたちの学習活動を指導する，つまり「学習指導」と同義ですが，教育目標の達成状況を確認する「評価」も含まれています。「評価」は，学習指導（授業）の目的に対応する成果の状況を把握し，次の指導への改善のために行われます。つまり「指導と評価の一体化」のもとに行うことが大切です。

　本章では，「授業づくり」について，教育・学校心理学という視点から「教師の仕事」をながめていきます。

1節 「授業づくり」の考え方

　「授業づくり」においては，まず，何を教えるか，を確認しておく必要があります。日本では都道府県すべての学校で，文部科学省が告示する学習指導要領に基づいて授業が行われます。ちなみに，日本以外では，例えば，アメリカ合衆国やドイツ連邦共和国では，日本の都道府県にあたる「州」ごとに学校の指導内容が決められているところもあります。

　日本の子どもたちは，文部科学省が定めた学習指導要領に記載されている学年ごとの教育目標を達成するため，教師の指導のもと，教科

書を中心とする教材を用いて，各教科の知識，技能，態度を習得して
いきます。学習指導要領は，「学校において編成され，実施される教
育課程の基準として，文部科学大臣が定めた基準」であり，「文部科
学省告示として官報に公示されることにより，法的な拘束性を持つ」
ものです（山口，2009）。したがって，学習指導要領の内容を正確に
理解することは教師の大切な仕事です。

　学習指導要領は，第二次世界大戦後の新しい教育が始まって間もな
い 1947（昭和 22）年以降，ほぼ 10 年ごとに改訂がなされてきました。
2017（平成 29）年 3 月には新学習指導要領が告示されました。この
指導要領に基づく授業は，小学校では 2020（令和 2）年から，中学
校では 2021（令和 3）年から全面実施されています。新学習指導要
領は，前学習指導要領をほぼ踏襲していますが，大きな変更点は小学
校英語が教科として設置されることです。これは国際化に対応した動
きといえます。その他，子どもや子どもを取り巻く家庭や社会環境の
多様性にともなう変更も含まれています。

　新学習指導要領では，学校の授業を通した「学力保証」がより強調
されています。そのため，学校教育法第 30 条第 2 項で示された「学
力の 3 要素」（育成すべき資質・能力等）に整理されました（図 3-1）。

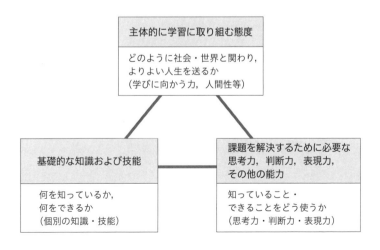

▲図 3-1　学力の三要素（文部科学省，2015 をもとに作成）

1 何を理解しているか，何ができるか（知識・技能）

2 知っていること・できることをどう使うか（思考力・判断力・表現力等）

3 どのように社会・世界と関わり，よりよい人生を送るか（学びに向かう力，人間性等）

2節　教育・学校心理学の授業づくりへの貢献

1. 授業づくりと教師

(1) 教師の役割

日本の学校の教師は，諸外国の教師に比べ「多忙」であることがさまざまな調査から指摘されています。例えば，藤田ら（1995）は，教師の仕事をエスノグラフィーの視点から考察し，教師の仕事の「多忙化」を取り上げ，その原因の第1として「特殊性」を指摘しています。この研究では，教師の活動の特質として，①教育活動の多様性と複線性，②過密なスケジュール，をあげています。①の例としては，教師の仕事が教科指導，生徒指導，雑務などまで広範囲に及ぶこと，②の例としては，年間行事のない日が小学校では230日中52日，中学校では42日であったことをあげています。原因の第2は「突発的出来事」で，学校で起こる「予期しない出来事」です。これには「不登校気味の生徒への対応」「夏休み前の短縮授業」「教師やその家族の病気」などをあげています。

教師がこうした「労働環境」にあることも忘れてはならないでしょう。ちなみに，横浜市教育委員会2013年度調査では，教師の1か月の時間外勤務は平均約90時間でした（読売新聞　2015年8月27日）。

なぜそれほど残業時間が多いのでしょうか。これには，日本の教師が「授業づくり」以外のさまざまな仕事を行っていることに原因があります（表3-1）。このまま続くと教師の「メンタルヘルス」の維持が困難になる懸念があるため，「チーム学校」が提案され，例えば中学校の部活指導者などをアウトソーシング（外部委託）する動きもあります。

学校における子どもの「学力保証」が求められている今日，学校における「授業の質」の向上と「確かな学力」の習得が教師に課された大きな課題です。その意味からも，学校の教師が，諸外国の教師と同

▼表 3-1　日本の教師の仕事

▼表 3-1　日本の教師の仕事

小学校教師	授　業：授業，授業の準備，テストの採点（成績評価）
	その他：給食，ホームルーム（学級指導），学級会や運動会の準備，家庭訪問，遠足，PTA，教員会議など
中学校・高等学校教師	授　業：授業，授業の準備，テストの採点（成績評価）
	その他：ホームルーム（学級指導），生徒指導，進路指導，保護者面談，課外活動指導（部活動等），遠足，教員会議など

▼表 3-2　「効果的な授業」を支える教師の条件（O'Donnell et al., 2007）

①教科内容や教材のエキスパート
②教える能力と生徒の学ぶ能力についての信念をもつ
③多様な学習者ニーズへの感受性をもつ
④授業計画や授業構成のスキルをもつ
⑤個人同士のコミュニケーションをするスキルやリーダーシップのスキルをもつ

様,「授業」に専念できるための工夫が求められています。

(2) 教師の特性その 1：望ましい教師

　前項で述べたように，教師が子どもたちの「確かな学力」の習得を保障するため，学校の教育目標を達成可能にする「効果的な授業（effective teaching)」を支える教師の条件（O'Donnell et al., 2007）も提案されています（表 3-2）。

①教科内容や教材のエキスパート（熟練者）

　教師は授業で教える内容である「学習指導要領」に記載された教科ごとの知識・技能等については，習得済みであることが前提です。そこで，教師は教科書の内容をしっかり理解しておく必要がありますが，小学校のように全教科を担任する場合は注意が必要です。教師も子どもと同様，さまざまな体験から知識を得ることもあるのですが，それが教科内容の正しい習得において障害となることもあるのです（実践研究事例 1)。したがって教科内容については，教師一人ひとりが研修を通して，より深い理解を維持する必要があります。

【実践研究事例 1】
「教師の素朴概念」
山本（2001）は，小学校 3 ～ 6 年生児童と教師を対象として，小学校理科の内容で誤解しやすい内容について松森（1997）を参考に下図のような問

題を 25 問作成し，調査しました。その結果，いくつかの問題で小学校理科の内容と異なる解答がみられました。特に日常生活における生活経験に関連する内容の問題で誤答がみられました。この結果は「素朴概念」つまり「物理現象や社会現象について，日常経験からつくり上げた素朴な考え」（市川，2016）の視点から考察されました。子どもたちの「素朴概念」については知られていましたが，教師も同様の「素朴概念」がみられたことは，教師が教科書の内容を正確に理解しておくことの必要性を示しています。正解はエですが，正答者は 3 〜 6 年生 66 名中 9 名 (6.1%)，教師 110 名中 15 名 (13.6%) でした。

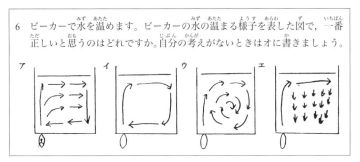

▲実践研究事例１図　水の温まり方（山本，2001）

②教える能力と生徒の学ぶ能力についての信念をもつ

　教師の「教える能力」については，経験やそれに基づく「勘」も大切ですが，教え方の効果についてエビデンス（証拠）に基づいた信念をもつことが大切です。エビデンスとそれを裏付ける教師の経験こそが子どもの学力保証につながる「信念」です。

　他方，「生徒の学ぶ能力についての信念」については，エビデンスに基づく指導をすれば子どもたちは必ず目標とする知識・技能・態度が習得できるという信念が望ましいと思います。教師がそうした信念をもって指導にあたることは「教師期待効果」にもつながります。

　教師期待効果はローゼンサール効果とかピグマリオン効果とよばれています。この効果は，ある有名大学の開発した知能テストを実施し，この子どもは必ず伸びるという情報を得た教師から指導を受けた結果，実際に，低学年の子どもの成績が伸びたことから，教師が子どもに期待をもつことの重要性が再認識されました（図 3-2）。

　また，その後の研究で，特に教師から期待をかけられる子どもは，

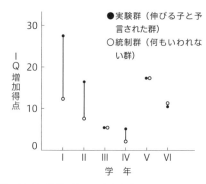

▲図 3-2　ピグマリオン効果〔Rosenthal & Jacobson, 1968；杉原・海保, 1986〕

▼表 3-3　教師の期待の高い群と低い群の行動の差〔Brophy & Good, 1974；杉原・海保, 1986 をもとに作成〕

項目	期待低		期待高
全体への質問に回答すべく指名された回数	1.71	<	1.96
直接の質問に回答すべく指名された回数	1.83	<	2.50
読み（音読）の学習の間に指名された回数	4.79	>	3.29
読み（音読）の学習の間に生徒が発言した回数	2.96	<	3.54
生徒から始められた勉強に関係ない接触（用便等）	3.17	<	5.13
生徒から始められた勉強に関係のある接触	1.79	<	**7.38**
教師から始められた勉強に関係ない接触（用便等）	2.58	>	2.04
教師から始められた勉強に関係のある接触	6.00	>	3.79
教師から始められた生徒への行動批判の数	**4.92**	>	2.04
教師から始められた反応機会の総数	10.96	>	10.29
生徒から始められた反応機会の総数	7.92	<	**16.04**
教師との人間関係接触の総数	33.97	<	53.17
生徒が反応機会を得るべく挙手した回数	8.88	<	16.57
指名された回数・挙手した回数	0.20	>	0.12
正しい解答の回数	6.67	<	8.92
不完全または正しくない解答の総数	4.63	>	2.38
読み（音読）の順番ごとに疑問の生じた平均数	**4.57**	>	2.23
教師にほめられたことの割合（%）	3.88	<	**11.00**
教師に叱られたことの割合（%）	**24.33**	>	10.75

注）数値が 2 倍以上のものを太字にした

そうでない子どもよりも，表3-3に示すいくつかの点で教師の関わり方に違いがみられました。

③多様な学習者ニーズへの感受性をもつ

「発達障害者支援法」（2004(平成16)年12月10日施行）以降，学校においても「インクルーシブ教育」の考え方が普及し，特別な支援を要する子どもでも，支援を要しない教科やその内容によっては通常の学級で授業を受けられるようになりました。その結果，多様な子どもたちのニーズに対応するための教材の工夫も指導する教師に求められるようになりました。すべての子どもがわかる・できるための教材を含む学習環境を準備するには，そのための「ユニバーサルデザイン」が必要になります。近年，この考え方が普及し，その研究も進んできました（現場の声4）。

④授業計画や授業構成のスキルをもつ

教師になる準備段階となる大学の教職科目での学修や教育実習だけでなく，教師となってからの授業研究（本書74ページ「授業研究による授業改善」を参照）や教員研修も，授業計画や授業構成の力量向上につながります。

⑤個人どうしのコミュニケーションをするスキルやリーダーシップのスキルをもつ

子ども理解はもちろんですが，幼小連携，小中連携など，校種を超え，教師が協働して子どもたちの教育活動にあたる機会も増えてきました。カウンセリング心理学の立場から，こうしたスキルを向上する「構成的グループ・エンカウンター」（例えば，國分，1996など）が提案されています。このような方法により，教師と子ども，教師どうし，子どもどうしのコミュニケーションやリーダーシップのスキルの向上が期待できます。

（3）教師の特性その2：子どもの学習スタイルに合わせた授業ができる

学習スタイルは，個々の子どもが好んで用いる「学び方」を指します。他方，教師も好んで用いる「教え方」，つまり指導スタイルがあります。優れた教師は一人ひとりの子どもの学習スタイルを理解し，それに応じた指導を行うことができます。

①学習スタイル

　学習スタイルは，環境的要素（例：静かな環境を好むか，音楽などのある環境を好むか），情緒的要素（例：自ら進んで勉強するか，先生や親にいわれないと勉強しないか），社会的要素（例：1人で勉強するのを好むか，友達と勉強するのを好むか），身体的要素（視覚，聴覚，運動感覚などを用いるのを好むか）によって決まるといわれています（辰野，1989）。

　これらの要素によって，子どもの学習スタイルには，表3-4に示すようなものがみられるようになります。したがって，教師が子ども一人ひとりの学習スタイルを理解しておくことは，子どもの「個に応じた指導」の参考になります。

②指導スタイル

　教師になったばかりの頃は，大学の教職課程で学修した知識や教育実習の経験を踏まえ，各教科の目的と内容にふさわしい教育方法を選択して授業を行います。やがて，教員研修や授業研究により研鑽をつみながら，その教師なりの授業の仕方が身についていきます。実際の教師の授業の仕方，つまり指導スタイルを調べた研究によると，表3-5に示したものが明らかにされています。

③学習スタイルと指導スタイルのマッチング

　子どもの学び方である学習スタイルに，教師の教え方である指導スタイルをどう組み合わせていくかの理論として，適性処遇交互作用（ATI: Aptitude Treagment Interaction）という概念があります。

　適性（Aptitude）とは個人特性のことで，これには能力的なもの（例：知能や身体能力など）と性格的なもの（例：不安の高低，向性（外向・内向）など）があります。処遇（Treatment）とは個人に対する対処方法のことで，授業の方法（教え方）がこれにあたります。交互作用（Interaction）は適性と処遇に関連性があることを示す概念です。

　したがって，適性処遇交互作用とは，適性（個人特性）と処遇（教え方）の最適な組み合わせを考え，教授活動を効果的・効率的に行う方法を示す概念ということになります。

　図3-3は，子どもの対人関係能力が積極的か消極的か（適性）によって，教師による指導と映画による指導（処遇）では効果に差が示された，つまり交互作用がみられた例を示しています（Snow et al., 1965）。

▼表 3-4　高校生の勉強の仕方（学習スタイル）（梶田, 1986)

尺度	A		B	
	型	項目例	項目例	型
Ⅰ 実行性 （4項目）	気分型	まとめて一度に学習 気ののった時に学習	少しでも毎日学習 計画にそって一歩一歩学習	努力型
Ⅱ 計画性 （6項目）	計画型	学習の計画はこまかく立てる 立てた計画はかならず守る	学習の計画はおおわくだけ 計画にはこだわらない	臨機応変型
Ⅲ 指向性 （ペース） （5項目）	マイペース型	自分のペースで学習 自分ひとりで学習	他者のペースにあわせる 他の人を意識して学習	他者ペース型
Ⅳ 自主性 （4項目）	自力本願型	自分で最後まで調べる ねばり強く考える	先生や友だちにたずねる ヒントをみて早く理解	他力本願型
Ⅴ 動作性 （3項目）	活動型	書いたり手を使って学習 気分転換をしながら学習	何もせず静かに学習 続けて集中的に学習	静思型

▼表 3-5　教師のプラット（PLATT）をとらえる尺度と項目例（指導スタイル）（梶田, 1986)

因子	尺度	A		B	
		型	項目例	項目例	型
Ⅰ-A	授業ペース （4項目）	生徒中心型	授業では子どもの発言の機会を多くとる	授業では教師の発言の機会を多くとる	教師中心型
Ⅰ-B	思考ベース （4項目）	発見型	子どもから疑問・質問が積極的に出るように指導する	子どもから疑問・質問が出ないよう丁寧に指導する	説明型
Ⅱ	教材 （5項目）	教科書型	指導は教科書を主として使う	指導はプリントや資料を主として使う	併用型
Ⅲ	家庭学習 （4項目）	指示型	授業では家庭学習の宿題をできるだけ与える	家庭学習は家庭の方針や子どもの自発性にまかせる	まかせ型
Ⅳ	授業スタイル （3項目）	定型型	指導の過程は導入，展開，まとめというような流れを考える	指導の過程は形にはめず流動的に考える	流動型
Ⅴ	同僚関係 （4項目）	相談型	授業の進度は同僚とお互いに相談しながら決める	授業の進度はマイペースで行う	自力型

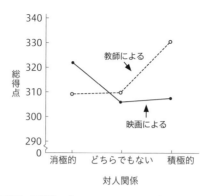

▲図 3-3　対人関係と指導法の効果でみられた ATI（Snow, 1965；杉原・海保, 1986）

▼表 3-6　ATI の 3 つのモデル（Salomon, 1972；杉原・海保, 1986）

モデル	教授の機能	教授法の特徴	活用される適性の測度	予想されること
治療モデル	学習には必要だが欠けている下位目標を教授によって習得させる。	習得に要する時間や治療学習のセッションの数を増やす。	個々の下位課題が習得されているかどうかの測度。	できのいい子どもには治療教育で退屈させる。遅れている子どもには必要な下位目標を習得させるので有効。
補償モデル	教授によって自分では用意できなかった必要な媒介者（概念など）や様式（絵など）等を子どもに与える。または，学習を妨害する特性や状態を弱めてやる。	子どもが自分で用意すべきことを外から与える。または，学習を妨害する特性や状態をやわらげる。	一般能力，情報処理様式，性格など。	能力のある子どもは，自分の力で用意できる媒介者等が与えられるのでかえって干渉される。能力の低い子どもは自分に欠けている媒介者が外から与えられるので有効。
特恵モデル	子どものもっている優れた適性をとりあげ活用する。	教育法を，子どもの優れた適性に合わせる。	一般能力，情報処理様式，動機づけ様式，性格など。	子どもは自分の優れた適性がとりあげられるときもっともよく学習する。

対人関係能力は，表3-4の学習スタイル「マイペース型」や「他者ペース型」にも関係しますが，これらの個人特性に最適な指導方法がそれぞれ映画による指導と教師のよる指導，ということになります。

　適性（個人特性）と処遇（教え方）の授業での利用については，サロモン（Salomon,1972）のモデルが参考になります（表3-6）。教師は，教育目標を達成するため，子どもがすでに習得済みの知識・技能に基づき，新しい知識・技能の指導を進めていきます。教育目標の達成までに，子どもは一つひとつの知識・技能を習得していく必要があります。そこで，図3-4のように，まず，達成したい教育目標までに必要とされる知識・技能を明確にすることが必要になります。

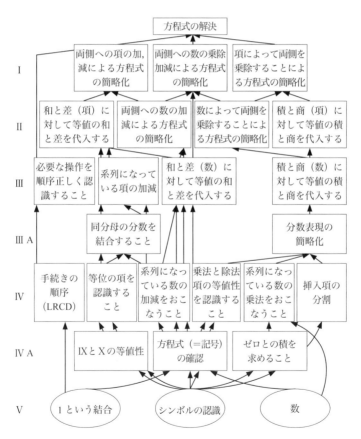

▲**図3-4　方程式の解決に至る学習階層**（Gagné, 1965；杉原・海保，1986 をもとに作成）

サロモンのモデルでは，未習得の内容（学習に必要な下位目標）の点検とその補充指導を行う「治療モデル」，子どもの学習スタイル（前述）や個人の能力などに合わせた指導を行う「補償モデル」や「特恵モデル」が示されています。治療モデルでは，教科内容の目標となる知識や技能を習得するまでのプロセスを分析した学習階層表（図3-4）があると，未習得の内容を特定しやすくなります。

2.「授業づくり」の進め方のモデル

　教師の仕事は，授業が中心になります。近年では，教師が子どもたちの学力を保証するための「授業づくり」を，「授業改善」を含むPDCA，つまり計画（Plan），実施（Do），評価（Check），改善（Action）のサイクルで進めることが求められています。

(1) 計画（Plan）

　この段階で教師が取り組むことは，①教育目標の理解，②教材の理解と翻案，③学習者の理解，④指導方法と評価方法の選択です。

①教育目標の理解

　教育目標は，学習指導要領に明記されています。各授業で実際に指導を行う内容は「指導書」に詳しく記されています。本章の冒頭で述べたように，「指導と評価の一体化」は前述の「授業づくり」と「評価」を一体的に行うことです。そのためには，計画段階で授業の目標がどんな授業方法により達成され，その成果をどのように評価するかを具体的に決めておく必要があります。

　現在の評価は，学習指導要領に基づき達成目標を記述した「目標規準（criterion）」と達成目標をどの程度達成できたかを示す「目標基準（standard）」で行われるので，これらを明確にし，さらにそれをどのような評価方法（テスト，作品，観察記録など）で測るかも決めておく必要があります（本書72ページ「『授業づくり』の実際」を参照）。

②教材の理解と翻案

　教育目標が決まると，教師は目標を達成するための教材を選び，その内容を理解する段階へと進みます。授業で用いる教材は教科書であることが多いので，教師は教科書の内容について，前後の学年の目標や内容を含めて理解する必要があります。それにより，子どもたちの

学習の道筋を理解することができ，それが，実際の授業に反映されます。例えば，今日の授業内容はいつ（何学年で）習ったのか，今日の授業内容はこの後何年生のどんな学習につながるのかを理解しておくことは，子どもたちの学力保証や学習意欲の向上につながります（実践研究事例 2 参照）。

【実践研究事例 2】
「学び直しによる数学学習のつまずき予防」
前神（2011）は，中学校 1 年生「数学」の教材「比例と反比例」において例年，内容が理解できずに「つまずく」生徒が多いことを問題意識として，その改善策「学び直し」を単元の最初に導入した。単元に関連する既習事項，つまり小学校の「算数」の教科書の分析を踏まえ，6 年生「算数」の教材「比例」に関連する内容の復習を最初に行った。その結果，「数学」の教材「比例と反比例」で「つまずく」生徒が減少した。ここでのポイントは，中学校の教師が小学校での学習内容を理解し（次ページの表を参照），小学校の教科書の当該単元の復習を行う「学び直し」を導入した点にある。

▲実践研究事例 2 図　中学校 1 年数学「比例と反比例」授業の導入

③学習者の理解

　「教材の理解と翻案」が済むと，授業の対象となる子どもたちの実態をとらえる必要があります。例えば，「今日」の授業内容の基礎・基本となる知識や技能を習得済みか，「今日」の教材に対する興味関心はあるか，などを知る必要があります。これらは子どもたちが「今日」の授業を理解したり技能を習得したりするうえで大切なレディネス（準備状態）となります。そのため，学習者のレディネスを授業前に理解しておくことは，授業実施において不可欠のステップとなりま

▼実践研究事例 2 表　中学校 1 年生数学（啓林館）の「学び直し」一覧表（前神，2011 をもとに作成）

中学校 1 年数学の内容	
単元名	関連する学び直し学年・単元
第1章　正の数・負の数 ・正の数・負の数 ・正の数・負の数の加法減法 ・2 数の和の符号と絶対値 ・3 つ以上の数の加法，減法 ・正の数負の数の乗法除法 ・小数をふくむ乗除 ・加減乗除をふくむ計算 ※数の集合と四則	 ・小 3　たし算とひき算 ・小 4　小数のたし算ひき算 ・小 5　同分母分数のたし算ひき算 ・小 4　小数のたし算ひき算 ・小 5　同分母分数のたし算ひき算 ・小 3　かけ算の筆算わり算 ・小 5　小数のかけ算わり算 ・小 4　計算のじゅんじょ
第2章　文字の式 ・文字の式をかくときの約束 ・式の値 ・式の加法減法 ・式の乗法除法 ・いろいろな計算 ・数量を文字式で表すこと ・大小関係を表す式	 ・小 6　文字を使った式，x の値を求める問題 ・小 5　同分母分数のたし算ひき算 ・小 6　異分母分数のたし算ひき算
第3章　方程式 ・方程式とその解 ・等式の性質と方程式 ・方程式の解き方 ・方程式の利用 1 ・方程式の利用 2（過不足） ・比と比例式 ・比例式の性質	
第4章　比例と反比例 ・関数関係 ・比例 1 ・比例 2 ・座標 ・比例のグラフ ・反比例 1 ・反比例 2 ・反比例のグラフ ・比例，反比例のグラフ	 ・小 6　比例 ・小 6　比例
第5章　平面図形 ・直線と角 ・円と正多角形 ・対称な図形 ・基本の作図 ・おうぎ形 ・図形の移動	 ・図形の敷き詰め ・小 4　図形の敷き詰め
第6章　空間図形 ・いろいろな立体 ・角柱と角錐 ・面や線を動かしてできる立体 ・角柱，円柱の表面積 ・角柱，円柱の体積 ・角錐，円錐の体積 ・立体の投影図 ・球の表面積と体積	 ・小 6　立体 ・小 6　立体

す。

④指導方法と評価方法の選択

　授業における教育目標の設定，授業で用いる教材とその理解，授業を受ける学習者のレディネスの理解が完了すると，次は実際にどのような指導法を用いて授業の目標達成を図るかを決める段階です。同時にどの目標が達成されたか，目標の何が（目標規準；criterion），どの程度（目標基準；standard）達成されたかを測定する評価法と評価用具も決めておく必要があります。つまり，指導計画と同時に評価計画も必要です。

　以上①〜④は，教育実習生が授業実施にあたって作成する「学習指導計画案（学習指導案）」の必須事項です。ちなみに，教師が授業研究会などで「研究授業」を行う場合もこれらの内容は必須事項となるので，教師志望者は学生のときから学習指導計画案をきちんと書けるようにしておくことが大切です。

（2）授業の実施（Do）

　授業の計画ができると次は授業の実施段階になります。この段階では，計画段階で作成した「学習指導計画案」に基づき授業を進めていきます。計画段階で教材の内容理解や子どもの実態把握，さらには授業展開とその過程，最後に行う評価計画ができていれば，授業は計画どおりに流れていきます。

　しかし，いつもそうとは限りません。ある子どもの発言内容によっては想定外の展開になることもあります。そのような場合は，「学習指導計画案」を踏まえつつも軌道修正をしながら，当初の教育目標に到達できるよう授業を進めていかねばなりません。授業の経験の少ない学生や教職について間もない教師の場合は，授業計画段階で，可能な限り子どもの反応を想定し，それぞれの反応に応じてどう対応し当初の目標達成を図るかのシミュレーションをしておくとよいでしょう。

（3）評価（Check）

　授業が終わると，授業目標が達成されたか否かを計画（Plan）の段階で決めた「評価計画」に基づき「評価」を行います。

(4) 改善実施（Action）

　最後の段階は，評価（Check）の結果に基づき，授業を振り返り，次の授業を行う際の「教訓」を引き出し，授業改善の手立てとします。それを踏まえ次の PDCA につないでいきます。

3.「授業づくり」の実際

(1) 授業計画

　教師が「効果的な授業」を行うためには，「何を教えるべきか」「どう計画するか」について知る必要があります（O'Donnell et al., 2007）。

①授業の目標の設定

　「授業の目標（instructional goal）」は，授業により生まれる「望ましい生徒の姿」を説明したものです。もし，この目標が明確に説明されていないと，教師は，実際に行っている授業がこの目標に向けて進んでいるかわからなくなってしまいます。

　これまで日本における授業の目標は，知識・理解，技能，思考・判断・表現，関心・意欲・態度の観点ごとに目標規準準拠評価(criterion referenced evaluation)，つまり「絶対評価」で行ってきました。そこで，教師は，各教科の単元ごとに児童生徒が到達すべき目標規準（criterion）を設定し，それに基づき達成の程度（十分満足できる，概ね満足できる，努力を要する）を表す目標基準（standard）に基づき評価してきました。したがって，教師は授業計画の段階で，授業目標と評価をセットにして準備しておく必要があります（表3-7）。なお，新学習指導要領に基づく評価は，前述の「学力の三要素」に基づき観点ごとに行うことになっています。

②授業計画の具体的手順

　通常，授業の目標設定と授業計画の手順は，以下のとおりです。

　　目標を設定する

　　目標を達成する方法を選ぶ

　　方法の詳細に関わる意志決定を行う。専門家に相談する

　　計画が実行されるとき変更時の対応を加える

　　次時の準備のために計画の評価を行う

▼表 3-7　小学校 6 年生の算数（反比例）の目標（規準）と目標基準（下の 3 段）の例（北尾，1993 を一部改変）

観点別評価目標	【算数への関心・意欲・態度（関心）】 ・ 身の回りから反比例の関係にある 2 つの量を見つけ出そうとする。 【数学的な考え方（思考）】 ・ 伴って変わる 2 つの量が反比例の関係にあるか考えることができる。 【数量や図形についての表現・処理（表現）】 ・ 反比例の関係を式やグラフに表すことができる。 【数量や図形についての知識・理解（知識）】 ・ 反比例の意味がわかる。 ・ 反比例の性質がわかる。			
評価場面	・ 身の回りから反比例関係にある 2 つの量を見つける場面（つぶやき・発言・記録ノート）		・ 反比例の関係を式に表す場面（記録ノート）	
具体的評価目標	関心①	反比例関係にある 2 つの量を積極的に見つけようとする。	表現①	反比例の関係を式に表すことができる。
	思考①	伴って変わる 2 つの量が反比例関係にあるかを考えることができる。		
十分満足できる（A）	関心①	反比例関係にある 2 つの量をできるだけたくさん見つけようとする。	表現①	表を縦に見ることができ，対応のきまりをいろいろな式に表すことができる。
	思考①	伴って変わる 2 つの量が反比例関係にあるかとらえることができ，その理由を説明できる。		
概ね満足できる（B）	関心①	反比例関係にある 2 つの量をみつけようとする。	表現①	表を縦に見ることができ，対応のきまりをいろいろな式に表すことができる。
	思考①	伴って変わる 2 つの量が反比例関係にあるかとらえることができる。		
努力を要する（C）	関心①	反比例関係にある 2 つの量を見つけようとしない。	表現①	表を縦に見ることができても，対応のきまりを式に表すことができない。
	思考①	減れば減る関係を反比例関係ととらえてしまう。		

　これらの計画を立案する際，授業に関するメタ認知，つまり授業について自分はどのように理解し，どのような方法で進めようとしているかについて理解し，自己監視（self-monitoring）することが大切です。つまり，教師は，以下の点を自問しておくとよいでしょう。

この授業計画で何を達成しようとしているか

この授業計画で生徒に関して何を前提とするか

この授業計画で学習者としての生徒をどのようにみているか

この授業計画により教えられたか。教えようとしたか

この授業計画に対して生徒はどの程度積極的に反応したか

この授業計画をどのくらい改善したか

この授業計画を実行する際どれくらい困難だったか

　ところで，「発達障害者支援法」（2006年4月施行）により「特別なニーズをもつ児童生徒」に配慮した計画立案も必要になってきました。一般の教師は，特別なニーズをもつ児童生徒のために授業計画を立てたり，個別教育プログラム（IEP: Individualized Education Program）を利用したりするのが困難であることが指摘されています（小学校レベル；Schumm et al.,1995；Venn & McCollum, 2002）。そこで，授業計画では，どの程度，特別なニーズをもつ児童生徒を含めるか，その児童生徒のための授業方法も決定しなければなりません。つまり，すべての子どもたちに「効果的な授業」を実現するため，クラスのすべての子どもたちの学習活動を援助する一方で，特別なニーズをもつ子どもたちのニーズの取り込み方も決めておきます。

　そこで授業計画を立てる際には，特別支援教育を担当するリソースルームの教師とともに授業計画を立てていきます。その際，授業計画にあたって重要なことは次の3点です。

個別教育計画で児童生徒に配置した目標をどうするかについて考えておく

教師にとって必要不可欠なリソース（資源）は何かについて考えておく

個々の児童生徒にとっても，クラス全体にとっても，成長・発達を最大限にするためのオプションと部分的修正（modification）の内容と方法を教師が常に心に留めておく

③授業研究による授業改善

　授業研究（Lesson Study）とは，同学年の教師のように，同じカリキュラムを教える教師のチームが協力して，授業のよい進め方を検

討することです。教師のチームは，授業記録などのデータを一緒に分析したり省察したりして，子どもたちが授業によって何を学習したかを議論します。このプロセスは次の4つの段階からなります。

> 授業を吟味する（refine）
> 異なるチームのメンバーで再授業する
> 学んだことを総合（consolidate）する
> 新しい授業で一般化できることを総合する

④情報通信技術（ICT: Information and Communication Technology）の利用

　近年では情報技術の進歩が著しいので，こうした技術は，教師が行う授業計画をさまざまな方法で援助する道具となります。例えば，インターネットを利用すれば，さまざまなWebサイトを見ることができます。教師が担当している学年の教育内容をどのような方法でどのような教材で教えたらよいかについても有益な情報をもたらします。

（2）効果的な授業へのアプローチ

　教師は，授業の効果を最大にするため，教育目標を達成するための教育内容（教材）を学習者とってより負担が少なく学習成果のあがる方法を用います。

①有意味学習

　オースベルとフィッツジェラルド（Ausubel & Fitzgerald, 1961）は，人間の学習活動を「機械的学習（rote learning）」と「有意味学習（meaningful lerning）」とに区分し，有意味学習こそが説明を中心とした授業の効果を最大化することを示しました。

　有意味学習は，先行オーガナイザーを利用します。先行オーガナイザーとは，学習内容を学習者に示す前に，その内容よりも抽象性の高い形で示すものです。それにより，学習内容の習得が容易になります。

　オースベルとフィッツジェラルドは，説明オーガナイザーと比較オーガナイザーを利用した実験を行い，それぞれ，それを利用しないときと比較して，情報の保持に効果があることを示しています。学校の教科指導で先行オーガナイザーを利用する際には，教科の種類や内

容によって最適な先行オーガナイザーの種類が異なるという実践研究もあります（実践研究事例3）。

【実践研究事例3】
教科内容と先行オーガナイザーの関係

新谷（2015, 2017）は，中学生を対象に，理科の授業における先行オーガナイザーの効果を検討した（表）。物理，化学，生物，地学に関連する単元において説明オーガナイザーと比較オーガナイザーを導入した授業の学習成果への効果を調べたところ，いずれの単元においても説明オーガナイザーのみで効果が認められた。このことから，教科の内容（種類）によって適切な先行オーガナイザーがあることが明らかになった。

▼実践研究事例3表　先行オーガナイザー(説明オーガナイザーと比較オーガナイザー)の例（新谷，2015）

説明オーガナイザー群	比較オーガナイザー群
①台車にはたらいている力（重力）を知らせる。 ②台車を斜面方向に引っ張る力（A力）を作図する。 ③重力はA力と斜面を押す力に分けられることを知らせる。したがって，A力は台車にはたらき続けていることを確認する。 ④A力の大きさは斜面の傾きにより変化することを確認する。	①滑り台やジェットコースターおよび，自転車で坂道を下るときのことを例にとる。そして，滑り台の傾きが急なときと穏やかなときで，滑り落ちる人の速さはどちらが速いか考える。 ②ジェットコースターのレールの傾きが急なときと穏やかなときで，滑り落ちるジェットコースターの速さはどちらが速いか考える。 ③自転車で坂道を下るとき，坂道の傾きが急なときと穏やかなときで，自転車の速さはどちらが速いか考える。 ④重力は常に物体にはたらいていて，重力の一部の力により物体は滑り落ちていくことを知らせる。

②発見学習

「発見学習（discovery learning）」は，ブルーナー（Bruner, 1960／1963）により提唱されたもので，「学習者の発見という経験を通して行う学習法」です。つまり，学習者の帰納的推論（inductive reasoning）を活かした指導法といえます。具体的には図3-5に示すような手順で進めますが，発見学習を行う前提は，教材（教科内容）に学習者が「発見」可能な原理や法則があることです。そのため，日本では理科における「仮説実験授業」（板倉・上廻，1965）において，

▲図 3-5　発見学習の過程（水越, 1977）

発見学習の考え方が活かされています。

③直接教授

　「直接教授（Direct Instruction）」は，基礎的な知識や技能を習得するために用いる教授法です。ローゼンシャイン（Rosenshine, 1987）によると，この方法は，次の段階で進めます。

　　<u>前の教材の復習</u>：課題について児童がもっているスキーマ（知識）を活性化する
　　<u>新しい教材の提示</u>：前に学習した教材と新しい教材を結びつける（有意味学習）
　　<u>指導練習</u>：教師が児童生徒に質問をし，解決例を示し，練習問題を与える。児童の誤概念や誤解を点検し，必要ならさらに練習を進める
　　<u>フィードバック</u>：児童生徒の理解を明らかにするため，正しい情報を伝える
　　<u>１人での練習</u>：指導練習と同様に，直接教授の重要な要素である。児童生徒がスキルを習得したかを確かめるため，新しいスキルを１人で練習する機会が必要であり，その際には，まずグループでやって，次に１人でやって，さらに宿題で行うのが効果的である
　　<u>週ごと・月ごとの復習</u>：機会を分散して復習することは重要である。特に，不規則間隔での分散練習（distributed practice）は，一度にまとめて練習する集中練習（massed practice）よりも効果的である

④授業方略と授業方術

　教師は，授業を行うにあたって，さまざまな方略（strategy）や方術（tactics）を用います。

　鈴木（2000）によると，方略とは，もともと戦争の戦略，あるいは技を意味する古代ギリシア語 Strategia に由来し，計画的で意図的，あるいは目的志向的な意味を強調する際に用います。「授業方略」は，授業を計画的・意図的に行う方法を指します。

他方，方術とは，方略を実現するための具体的方法を指します。「授業方術」は，授業を計画的・意図的に行う際に用いる具体的方法です。

⑤説明

　授業において「説明」という方術を用いるとき，それを用いる者がどのような意図で「説明」を行うのかを自覚する必要があります。

　「説明」は次の4つに分けて考えることができます。

> 普通の説明：何かの仕方などについての説明
> 学問的説明：科学における原理についての説明
> 自己説明：リハーサル，理解を確かめるため自分で行う説明
> 教示的説明：教えることを意図した教師や教科書の説明

　いずれの場合も，「よい説明」とは，学習者の既有知識や既有スキルを喚起するものでなければなりません。例えば，「物理学」の授業で教師が「分子運動」について述べる際には，「冬の寒い日に教室のドアを開けたらどうなるか」と問うことから始めます。

　また，学習者にとってわかりやすい「よい説明」には，次のような条件があります。

> 学習者の視点をとる：学習者がすでにもっている知識や経験などを踏まえ，学習者の視点で説明を考える
> アナロジーとメタファーを使う：学習者にとって「よい説明」はアナロジー（類推）やメタファー（比喩）を含む
> 柔軟性がある：説明を聞く者にとって柔軟な説明は，理解を深めるのに役立つ

⑥フィードバック

　フィードバックはKR（Knowlege of Result）ともよばれるもので，学習者に対して「結果に関する情報を与えること」です。これは，学習者が有意味学習を促進する際に利用します。メイヤー（Mayer, 2003）は，フィードバックを用いることにより効果が高まる学習として，次の3つをあげています。

反応学習：学習者が刺激に対して単純な反応を行う場合で，文字カードを使う学習がこれに該当する。この場合，正反応へのフィードバックは正反応をより強める強化（reinforcement）になる

概念学習：学習者がさまざまな具体例（事例）からルールをつくることにより新しい分類のルールをつくる。例えば，牛，羊，豚，馬の絵　を示し，「家畜」を分類するルールをつくるものが考えられる。この場合のフィードバックは，分類に関連する情報である

技能学習：学習者が新しい技能の手順を獲得する場合で，ピアノを演奏したり工具を操作したりする技能の学習が該当する。この場合，進歩や改善の程度を示すことがフィードバックとなる

⑦発問

　発問（questioning）とは，「授業において教師が，授業をある方向に展開させる意図をもって，問いを発すること」で，「子どもの思考の方向を決め，思考を促進するはたらきをもつ」（辰野ら，1986）ものです。その意味で，「疑問または理由を問いただす」質問とは区別されます。その機能としては，次のようなものがあります。

注意の焦点化：子どもの注意が発問内容に向けられる

情報のリハーサル：子どもが前に学習した内容の学習が繰り返される

概念変容の刺激づけ：子どもが概念を拡張したり変容したりする際の刺激となる

情報の精緻化促進：子どもがさまざまな視点から考えるためより深い理解につながるとともに記憶に残りやすくなる

　落合（1986）は，国語科における物語文の読解や社会科における問題解決学習で子どもがより深い認知処理を求め，精緻化を促進する発問の重要性を指摘している。例えば，反対の立場や考え方を示す発展発問（否定発問）を教師が行うことにより，子どもの常識的解釈に「ゆさぶり」をかけることも効果的であるとしています。

4. 宿題による学習の促進

(1) 宿題の意義

「宿題」とは，「教師が教育の必要上，家庭に帰ってからやらせるために児童・生徒に課する作業」（辰野ら，1986）のことです。

宿題の機能は，学習者がよい学習，体制化，時間管理スキルの発達を促す点にあります。クーパーとバレンタイン（Cooper & Valentine, 2001）は，宿題が学力に及ぼす効果を調べていますが，それによると中学レベル（ミドルスクールとセカンドスクール）で，高い学力に関連していました。また，ヴァンヴォーヒス（Van Voorhis, 2003）やエプスタイン（Epstein, 2001）は，教師が宿題を出す理由について検討し，その結果，宿題を親と生徒が一緒に行う相互作用プログラムを開発しました。彼らはこのプログラムを TIPS (Teacher Involve Parents in School work) とよび，生徒と親に家庭で学習活動を一緒に行うよう指導しました。彼らの研究は，このアプローチが生徒の学力を高めることを示しました（実践研究事例 4）。

【実践研究事例 4】
「授業通信」を活用した宿題支援
滝上（2010）は，小学生の学力向上の一環として宿題の活用を検討した。「学級通信」の学習版ともいえる「授業通信」を通して保護者に児童が学校で何を学び，その内容の定着のためにどんな宿題を出しているかを知らせ，必要に応じて，児童とともに保護者も取り組める宿題も出していることを周知した。その結果，児童の学習習慣が定着し，学力の向上につながることを明らかにした。

(2) 宿題の分類学

教師は，学校の授業を，宿題を活用することにより広げることができます。そうした観点から宿題をその機能によって分類する試みもなされてきました。

①授業で教えた教材の宿題

宿題に共通する目標は，学習者に対して，前に示したことを強化することです。それによって学習者の反応をより自動化します（Bloom, 1986）。宿題の目標としては復習，練習，リハーサル（試演）の3つ

平成21年10月20日

○○○○○○○○○○○○

○○○○○○○　　○○　○○
○○○○○○○○○　○○　○○

算数（体積）の学習について（お知らせ）

　本日から「体積」の学習に入りました。この学習では，「体積の単位を知り，直方体や立方体の体積を求めることができること」をねらいとしています。

　生活の中でも体積を使うことは多く，中学校の数学の学習の基礎ともなる学習です。また体積の量感を育てたり，生活に活用していけるように，工作用紙を使って入れ物をつくったり，身の回りの体積調べをしたりします。

　家庭学習（宿題）でお家の方にご協力いただくこともあると思いますので，どうぞよろしくお願いいたします。

　はじめの3時間については，次のような内容で授業を計画しています。もし，お子さんの学習の様子（授業や家庭学習など）で気になる点やご意見がありましたら，「お家の方から」の欄にご記入いただき，学校にお知らせください。

直方体・立方体の体積 <1~3 時間目 >

○直方体や立方体の大きさを数値で表す方法を考え，体積の意味を理解して，単位 cm^3 を知ります。

○直方体や立方体の体積を計算で求める方法を考え，直方体や立方体の体積を求める公式を理解します。

○ $1000cm^3$ になる入れ物の形をいろいろと考え，実際に工作用紙を使ってつくります。

---------------------- きりとり線 ----------------------------

お家の方から（ご意見や感想等）

が考えられます。

　復習（Review）：宿題に共通する目的の1つで，学習者に以前示した教材を再び学習することで，試験の準備になります。例えば，教師が教えた内容に関する質問に答えたり，長い文章の概要をまとめたり，

授業ノート（そのコピー）の提出を求めることが該当します。

練習（practice）：復習と同様，特定のスキルやさまざまな場面に応用できる活動を含みます。例えば，いくつかの数の平均を計算したり，地図でヨーロッパの国の位置を示したり，外国語の規則動詞の時制を述べたりすることです。

リハーサル（reharsal）：音楽や演劇での試演と関連するものですが，他の形もあります。例えば，外国語の発音を実際にしてみたり，授業での発表（プレゼンテーション）のリハーサルなどです。

②新しい教材に基づく宿題

予習をしたり，あらかじめ体験しておくことで，学習者が授業でまだ取り上げたことのない教材についての「準備」や「体験」を行うものです。

「準備」は，授業で取り上げる内容についての準備を求めるものです。学習者はあらかじめ授業の内容に関する情報を受け取ることで，理解していなかった概念について授業中に質問することが可能になります。例えば，あらかじめ国語の教科書の文章を読んでおく，新しい解き方を取り上げた算数の問題を一度解いてみる，社会科で歴史的事実に関する討論を行う授業の前に関連資料を読んでおく，などです。

「体験」は，教師が行う授業の基礎となる「経験」を学習者に与えるものです。例えば，算数でグラフを取り上げる際，毎日食べる食品の種類と量に関するデータを集めておくことや，社会科で地域社会について学ぶ際に，地域の年長者にインタビューすることも考えられます。

③各教科の枠を超えた宿題

「総合的な学習の時間」や「夏休み」のような長期休業期間においては，探究，学習体験，表現に関わる宿題も可能です。

例えば，学習者にとって新しい，さまざまな領域の教材を，彼らの興味・関心に沿う形でまとめて報告することも考えられます。また，低学年の学習者では，家庭でさまざまなもの（例えば，時計，椅子，スプーンなど）がいくつあるかを調べて物語をつくってみたり，高学年の学習者では，夕方のニュースをカテゴリーごと（例えば，政治，経済，スポーツ，等）に分けてそれについて評論を書くこともこれら

の活動にあたります。

（3）宿題を与える際の留意点
①発達的視点をもつこと

　教師が学習者に宿題を課す際には，前述のような，授業を進めるうえで重要な内容という視点だけでなく，学習者一人ひとりの学習能力の発達の視点をもつことも大切です。

　宿題は，授業で学習したことを練習により定着を図ったり（強化），記憶や理解の仕方(認知スキル)を習得するために行われます。その際，小学生では，文字の読み書きや算数の勉強の仕方など，学習活動のための基本スキルも同時に習得しなければなりません。特に，この時期の宿題では子どもの理解できる語彙や漢字を用いる配慮が必要です。

　他方，小学校中学年以上になると，こうした学習活動のためのスキルに加えて，多数の教科にわたって多くの内容を習得しなければなりません。その段階では，どのようにして多くの宿題をいかに計画的に進めるか，つまり管理運営（マネジメント）のスキルも必要になってきます。

　以上のように，児童生徒に宿題を与える際にはそれぞれの段階で必要とされる学習スキルやマネジメントスキルについても教師は理解しておく必要があります。これらは児童生徒の「学習習慣（勉強の習慣）」とよばれ，生活習慣とも関連することが知られています。

②目標について吟味と評価のあり方

　宿題を与える際に達成目標が明確で，達成水準が明確なものと，そうでないものが考えられます。算数の計算ドリルや国語の漢字ドリルのように達成水準が明確なものについては，その評価もわかりやすいのですが，社会科における授業内容に関連する資料を調べる宿題のように個々の学習者によって異なるものもあります。こうした宿題について評価する際には，個々の学習者ごとにポートフォリオ，つまり，綴じ込みの資料として保存するなどして，それぞれの児童の進歩の程度をみることも大切になります。

③宿題についての信念をもつ

　教師は，宿題がクラスでの授業の促進や個々の学習者の能力の発達・成長を促進する手段であるという信念をもち，宿題を活用しなければ

なりません。そのためには，以下の点を自問しながら，宿題を考えるとよいでしょう。

どれくらい多くの宿題に私は毎晩，割り当てるか

いつ・どのように生徒はそれを提出すべきか

生徒が提出しないとき私はどうするか

生徒が宿題を遅れて提出したとき私はどう反応するか

宿題をしている生徒はどんな援助を受けられるか

宿題に関して親の適切な役割とは何か

生徒は私からどんな援助を期待するか

私は宿題をどのように評価するか

宿題は学年にどのような影響を及ぼすか

生徒は宿題がしばしば困難なときどうすべきか

④学習困難な児童生徒への対応

　学習困難な児童生徒はどこのクラスにも数パーセントの割合で存在します。したがって，教師は，そうした児童生徒の宿題ニーズへの対応方法を考える必要があります。ブライアンら（Bryan et al., 2001）は学習困難児の宿題を考えるにあたって，そのための方略を提案しています。

「明確で適切な課題を与える」：生徒はあなたが期待していることが何であるか，生徒は課題となっている作業を行えるかを知っていることを確かめます。出されるどんな問題も解決できるよう生徒に自分の授業での宿題を与えます。

「宿題を推奨せよ」：困難をもつ生徒はより少なく短い課題からも利益を得ますし，さらなる援助（友達から援助の手を借りる；計算機を適切に使う）からも利益を得ます。困難をもつ生徒は作業を完了するのにより多くのものを必要とします。

「家庭と学校のコミュニケーションをはっきり確かめよ」：生徒の宿題でどのように援助可能かについて，親と直接コミュニケーションをとります。生徒は親にしてほしいことを伝えます。

「学習スキルを教えよ」：困難児とその親は，優れた家庭を基盤とした学習スキルを開発する際に支援が必要になります。研究成果による

と困難児の家庭は財政資源が欠如しており，彼ら自身も教科学習の
スキルをもちあわせていないようです。

「宿題カレンダーを利用せよ」：宿題カレンダー（出された複数の宿題
の実施日と提出日をカレンダーに記したもの）はすべての生徒，特
に困難児のように体制化スキル（複数の事柄をまとめたり分類した
りする能力）の弱い生徒にとって有効です。有用な記憶保持（強化）
練習はモニタリングチャートを続けることです。そこには，宿題を
完了したと確認すると緑のマーカーで，未完了だと赤のマーカーで，
一部完了だと黄色のマーカーで記録します。

5. クラスを活かす授業（指導方術）

　学校における授業は，通常，20 〜 40 人の子どもにより編成され
るクラス集団を対象に行われます。教師は，授業で個別指導，小集団
指導（グループ指導），クラス集団指導（クラス集団全体での指導）
を教育目標に応じて使い分けていきます。

(1) 個別指導

　個別指導では，主として個々の児童生徒の能力に応じて学習を進め
る方法があります。その代表的なものがプログラム学習です。プログ
ラム学習は，スキナー（Skinner, B. F.）がオペラント条件づけ（行
動が報酬を得るための道具となるため，道具的条件づけともよばれる）
を人間の学習に応用したものです。ネズミを被験体とした実験により，
学習行動を促進する次の 3 つの原理が導きだされました。

　　積極的反応の原理：学習者自ら進んで行動する
　　即時フィードバックの原理：行動（反応）したらすぐに応答する（強化）
　　スモールステップの原理：課題を小刻みに提示する

　この原理を応用したプログラム学習は「直線型プログラム」とも
よばれています（図 3-6 の a）。これを例えば教科学習に応用すると，
図 3-7 のような問題ができます。学習者は問題を見て解答する（積極
的反応）と，すぐに答えが提示されます（即時フォードバックの原理）。
さらに内容理解が少しずつ進むよう問題を構成します（スモールス

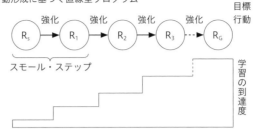

a 行動形成に基づく直線型プログラム

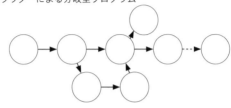

b クラウダーによる分岐型プログラム

▲図3-6　プログラム学習のタイプ（東, 1987）

テップの原理）。

　この原理を学習者の反応の個人差に対応できるようにしたプログラム学習は「分岐型プログラム」とよばれています（図3-6のb）。これを活用することで，学習者は1人でも学習を進めることができます。この原理は，ワークシートやコンピュータを用いたティーチングマシンとして，学校現場でも利用されています。

(2) 小集団指導

　小集団とは2人以上20名以下の集団を指しますが，学校での授業では通常，3～4人程度の小集団で指導することが多いようです。この小集団での協同学習を利用した指導方法がジグソー学習法（蘭, 1980）です。これを利用すると学習者は協働的な雰囲気の中で，仲間どうしが協力しながら学習することができます。

　この方法では，まず学習者は原グループで学習活動を行い，次に各々の原グループより1名ずつ集まったカウンターグループで，教材の学習を行った後，原グループに戻り，カウンターグループで学習したことを教え合います（図3-8）。

下に示したのは，プログラム学習とは何かをプログラム学習で学習していくためのプログラムの抜すいである。

〔問1〕各自，ステップ5から11まで学習せよ（解答を見ないように答と次のステップを紙でおおうこと）。

〔問2〕このなかにプログラム学習のどの原理が含まれているかを述べよ。

ステップ5——プログラム学習の根本理念は，生徒がコースを通じて，突破しやすい多くのスモール・ステップによって進むならば，もっとも能率的な，もっとも快適な，もっとも持続的な学習が生じるというものである。生徒が突破するおのおののステップが小さければ，たぶん誤りを（おかす／おかさない）であろう。

答：「おかさない」

ステップ6——それゆえ，《プログラム》は，突破しやすい多くのスモール・ステップより構成されている。最初は，ほとんど何も知らない生徒も，＿＿＿＿＿を使用して，一定の学科をマスターすることができるようになる。もしプログラムが注意深く準備されているならば，生徒は学習するうちに必ずや誤りを（多くおかす／ほとんどおかさない）であろう。

答：「プログラム」「ほとんどおかさない」

ステップ7——プログラム学習法には，伝統的教授法とはちがった多くの特色がある。あなたはすでにそれらの原理の1つを学んだ。この原理は，生徒はスモール・＿＿＿＿＿で進めば，いっそうよく学習するというものである。

答：「ステップ」

ステップ8——プログラム学習法の特色は，心理学の実験室で発見された「学習の諸原理」の応用である。あなたはすでにこれらの原理の最初のものを学習した。あなたは，それがスモール・＿＿＿＿＿の原理であることはわかっている。

答：「ステップ」

ステップ9——プログラム学習の基礎原理は，（心理学の／占星学の）実験室で発見された。これらの原理の最初のものは，スモール・ステップの原理である。

答：「心理学の」

ステップ10——プログラム学習法の最初の原理は，＿＿＿＿＿の原理である。

答：「スモール・ステップ」

▲図3-7　プログラム学習用に開発された問題例 (de Montmollin, 1974)

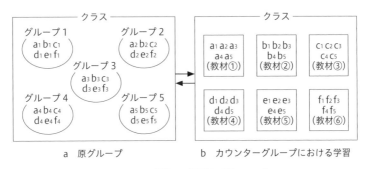

a　原グループ　　　　　　b　カウンターグループにおける学習

▲図 3-8　ジグソー学習法 （蘭, 1980）

蘭 （2000） は，協同学習の水準を次の 4 つに分けています。

　水準Ⅰ：1 人でもできる学習を何人かで協力して学習する協同学習
　水準Ⅱ：1 人ではできない学習を何人かで協力して学習する協同学習
　水準Ⅲ：1 人ではできない学習を何人かで協力して学習し，それを 2
　　つの協同学習グループで互いに協力して学習し合う協同学習
　水準Ⅳ：グループの成員一人ひとりが異なる教材を学習しすべての教
　　材について学習し合う協同学習 （ジグソー学習）

　低学年では友達どうしの協力を目的とした水準Ⅰを，中学年では友
達と協力しながら学ぶ水準ⅡとⅢを，高学年ではいろいろな友達と協
力しながら学ぶ水準Ⅳの協同学習を奨めています。

（3）クラス集団指導

　20 ～ 40 人で構成される学習者集団を対象とするのがクラス集団指
導です。このクラス集団では通常，知識を教授するときは，一斉指導
による講義法が最適とされてきました。しかし，学校教育における授
業では知識を教授するだけでなく，知識を獲得したり産出したりする
方法をはじめ，より深い理解や集団で思考する態度なども重要な教育
目標となってきました。そこで実践されるようになったのが構成主義
の学習理論に基づく授業です。近年，前述の教育目標を実現する，ク
ラス指導に関連した理論の提案も盛んで，その代表的なものが社会構
成主義の理論です。
　構成主義は，行動主義のような刺激と反応の結びつきを強調する学

▼表3-8　授業に関する構成主義の考え方の特徴 (Green & Gredler, 2002)

主な特徴	ピアジェ派の考え方に基づく授業	ビゴツキーの考え方に基づく授業	社会構成主義の考え方に基づく授業	ホリスティック構成主義の考え方に基づく授業
目標	論理的思考を発達させる	自己調整された概念的思考や論理的記憶を発達させる	談話の共同体により知識や意味を構成したり再構成したりする	学習プロセスや学習結果を所有させる
教室の焦点	自発的に生徒主導の実験を行う	既存の認知能力を発達させるために教材との相互交流を行う	知識を共に再創造する参加者の共同体づくりを行う	子どもの長所と興味により構築される現実世界のコミュニケーションの課題を与える
教師の役割	意欲を引き出す実験を構成し学習者の再思考を促す質問をする	モデルとなったり説明や修正をしたり学習者に説明を求める	談話の共同体を創出する	各学習場面で各学習者のニーズに合わせた課題を創造し仲介する
学習者の役割	対象や概念を操作する　学習者の概念・実験結果・教師の質問の間で認知的葛藤を経験する	人の思考に意識的に気付きそれを習得するため授業で教師と相互交流を行う	学習者が自ら考えた実践システムに参加する知識の「共同構成」に参加する	積極的に学習をし情報交流するために様々な学習場面と相互交流する
事例	数学や科学のカリキュラム	交流学習	小学校における数学や科学の授業	ホールランゲージ

習理論に対して，行動の主体である学習者の認知面の変容を強調する学習理論です。子どもの論理的思考あるいは認知発達理論で著名なピアジェは構成主義の代表的な研究者です。表3-8は，授業における構成主義の考え方の相異をわかりやすくまとめたものです (Green & Gredler, 2002)。これをみると研究者により若干の違いがみられますが，この中でクラス集団を活かした代表的なものが「社会構成主義」の考え方に基づく授業です。

3節 「授業づくり」をめぐる課題と展望

1.「授業づくり」における課題

　「授業づくり」というテーマについては，特に学校における「授業」が対象となるため，これまで「教育心理学」の教科書では取り上げられることが少なかったように思います。「授業づくり」を取り上げる以上，「授業の3要素」である学習者（児童生徒），教師，教育内容（教材）についてふれなければなりません。ここに教育内容（教科書などの教材）とそれに応じた学習過程や教授過程，さらにはその評価が絡んでくると，「教育心理学」の教科書ではなかなか取り上げにくかったのかもしれません。

　本書は「教育・学校心理学」というタイトルから教育場面や学校場面での実践におけるテーマを設定しています。そのため，「実践のための心理学」という視点から「授業づくり」について，教育関係者や学校関係者が「授業づくりと評価」の課題に向かい合うとき，新しい課題解決の視点が得られるよう「実践研究事例」を取り入れました。

　実践研究事例は，小学校や中学校・高等学校の教師が，教育実践の中で困難を抱え，その解決のために大学院で研究した「実践課題」の研究を事例として取り上げたものです。従来の教育心理学では見過ごされてきた課題も含まれています。実践の現場でとらえた課題をどう改善につなげるか，これこそが「心理学と仕事」を結びつけるうえで大切なことになります。

2．授業改善のモデルに基づく授業評価

　「授業づくり」においては，「『授業づくり』の進め方のモデル」（本章2節）で述べた PDCA，つまり計画（Plan），実施（Do），評価（Check），改善（Action）のフレームを意識して進めることが，授業における課題を発見し，解決を図るうえで大切です。その積み重ねが，学習者の学力保証に通じるからです。

　「授業づくり」の PDCA は授業改善のためのフレームとして有効ですが，授業過程の構成要素を理解するうえでは，ダンキンとビドル（Dunkin & Biddle, 1974）が参考になります（図3-9）。

　図3-9では「授業過程」において，児童生徒らの学習者に関する要

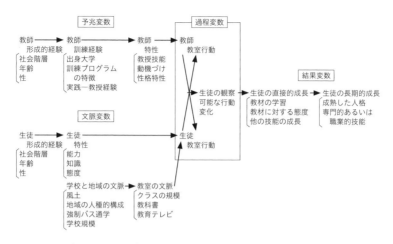

▲図 3-9　授業研究のモデル （Dunkin & Biddle, 1974；辰野, 1992 をもとに作成）

因（変数）は文脈変数（Context variable），教師に関する要因（変数）は予兆変数（presage variable），授業実践における要因（変数）は過程変数（process variable），授業実践の結果の要因（変数）は結果変数（product variable）としています。

　このモデルは，「授業づくり」において考慮しなければならない要因（変数）を理解するうえで役立ちますが，授業における児童生徒らの学習者にとって最善の授業とその成果の保証をめざし，絶えず改善を進めていくためには，PDCA のフレームを循環させていく必要があります。

3.「授業づくり」と「教科内容」の関連

　前項で紹介したダンキンとビドル（Dunkin & Biddle, 1974）の授業過程とその要因のモデルは，その後もガートンら（Garton, Spain, Lamberson, & Spiers, 1999）の授業改善に向けた研究で利用されています。このモデルは，授業過程を理解するうえでは有効ですが，実際の「授業づくり」のもとになる教育目標や授業内容にふれていません。

　つまり，児童生徒などの学習者に最善の授業を保証するために，学習指導要領に示される目標とその内容を含める必要があります。最善の授業を保証する授業改善のモデルにするには学校での教科内容があってはじめて，実際の授業に適用できることになります。

したがって，授業に関する教育・学校心理学においては，教科内容についての心理学研究，つまり「教科心理学」と関連づけることが大切です。福沢・小野瀬（2010）では日本における各教科の教育目標ごとに教育内容に関連する心理学的研究を多く紹介しているので，授業づくりの参考になります。

授業のユニバーサルデザイン：全員参加の授業づくり

　小学校の教師は，素直で前向きな児童たちに囲まれて，毎日，楽しく充実した日々を送ることができます。

　しかし，こうした日々を過ごせることは理想ですが，現実的には，次のような難しい問題があります。

　その一つ目は，「全教科を教えること」に関する問題です。通常学級の担任は，一日のほとんどの教科を教えます。休み時間には宿題を確認し，給食では配膳や後始末を手伝います。児童の下校後は，校務の会議がびっしり。勤務時間内に教材研究をする時間は，ほとんどありません。実際には，自分の時間を割いて，明日の授業の準備をする教師が多いです。

　学習指導要領では「主体的・対話的で深い学び」の実現が求められています。しかし，現実的には，教師用の指導書を片手に持って，日々の授業を「何とかこなす」教師も少なくありません。各教科の本質に根ざした授業を少しでも行いたいものです。小学校の教師も，「教科教育の専門性」に関する力量を高める必要があります。

　二つ目は，「学びの困難さへの対応」に関する問題です。文部科学省の調査では，通常学級には，発達障害の可能性がある子が 6.5％以上いると言われています。例えば，知的な遅れがないものの，じっと座って学習することが難しくて，離席をする子がいます。こだわりが強すぎて，友達との関わりが難しい子もいます。読み書きだけが難しい子がいることもあります。

　こうした発達障害の可能性がある子を含めて，全ての子が楽しく学び合い「わかる・できる」授業をつくったり，一人一人の学び方への違いにも対応したりできるような「特別支援教育に関する専門性」に関する力量も必要です。

　三つ目は，「学級の人間関係づくり」に関する問題です。小学校の教師は，一日のほとんどの授業を行うだけではなく，学級での生活も指導しなくてはいけません。規律を守って集団生活を送るともに，互いの信頼関係を深めたり，学級文化を創造したりできるように指導していく必要があります。

　しかし，学級の人間関係が円滑に進めばいいのですが，少なからずうまくいかないこともあります。その代表的な問題が「不登校やいじめ」です。「学級崩壊」も珍しい問題ではありません。これまでは，学級経営に関して専門的に学ぶ機会がありませんでした。先輩から話を聞いたり経験的に学んだりするだけでした。これからは，「学級経営に関する理論や実践」も系統的に学んでいく必要があると考えています。

　いま，小学校の教師は，このようなさまざまな問題に対して適切に対応

できる「教科教育」「特別支援教育」「学級経営」に関する専門的な力量を高めることが不可欠なのです。

　私は，こうした小学校教師の力量形成には，「授業のユニバーサルデザイン」（以下授業 UD）を学ぶことが有効だと考えています。

　授業 UD とは「発達障害の可能性のある子を含めて，全ての子が楽しく学び合い「わかる・できる」ことを目指す通常学級の授業デザイン」です。この全体像は，図1の「授業 UD モデル」（小貫・桂，2014）に表すことができます。

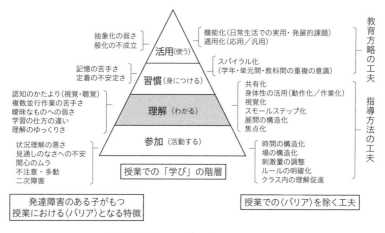

▲図1　授業 UD モデル（小貫・桂，2014）

　このモデルは，「教科教育」「特別支援教育」「学級経営」の知見を生かして，授業における学びを4つの階層で捉えたものです。信頼関係をベースにしながら，発達障害の可能性のある子を含めて「全員参加」の授業をつくるための一つの目安になるでしょう。

　日々の実践に追われるだけでは，先に述べたような問題を克服することができません。授業 UD の知見に学び続けて専門的な力量を高めていくことが大切です。また，本書で示された「教育心理学」「学校心理学」の知見も，この授業 UD のベースになるものです。合わせて学んで，小学校現場の実践に生かしていきたいと思います。

後輩にアドバイスできる中学教師であり続けるために

● 中学校現場で先輩教師から学んだこと

　教師として学校で勤めるようになって20年以上が経過しました。私が中学教師として採用されて間もない頃，校内での生徒の服装違反や暴力，校外での喫煙，万引きなどの触法行為が頻繁にあり，先輩教師とともに生徒指導に追われる毎日だったように記憶しています。しかし，問題を起こす生徒のほとんどが学校に登校し，校内で様々な対応を迫られることが多く，郊外においても屋外や近隣の公園，商業施設などで問題を起こし現場に急行することがほとんどでした。先輩教師たちはその都度，厳しい指導を繰り返します。現在ならば，そうした厳しい指導自体が問題とされるかもしれません。しかし，先輩教師たちは決して生徒を見捨てることなく粘り強く指導を続けていました。その後ろ姿から，まだ若かった私は「最後まで生徒を見捨てない」生徒指導を学んでいきました。

　月日が経つにつれ，生徒の問題行動に変化が見られ始めました。スマホやSNSの普及もその一因かもしれませんが，問題行動を繰り返す生徒は学校へ来ることがなくなってきました。また，併せて学校への不適応から登校しなくなる生徒も増えだしてきました。先輩教師が行っていた，問題行動をきっかけとして生徒としっかり関わり，厳しく指導するだけでは生徒指導がうまくいかないように感じてきました。

● 中学生と熱心に関わる後輩教師に気づかされたこと

　無我夢中で教師として働いてきて，気づいたら私が新採の頃にたくさんのことを教えていただいた先輩方と同じ年齢になっていました。後輩教師も多くなり，アドバイスをする場面も増えてきました。ある後輩教師から，「どのように生徒を褒めたらいいのか分かりません！」という相談を受けました。ちょうどその時期は，高校の部活動で指導者が生徒に体罰でケガをさせたことが全国的なニュースになり，学校での体罰が大きな問題として取り上げられていた頃でした。学校現場では厳しい指導よりも「褒める」指導を，という流れになっていたように記憶しています。しかしその後輩教師は，自分の指導に従わない生徒に対してどのように褒めていいのか分からないと真剣に悩んでいました。経験を積んだ私の場合，毅然とした指導と生徒を認める場面をバランスよく使い分けられるのですが，採用間もない後輩はそのバランスがよく分かりません。また，私が若かった頃に比べると，世間の風潮が失敗に寛容ではなくなっていて，若手であっても失敗のない生徒指導が常に求められるようになっていました。その状況の中

で私は適切なアドバイスを後輩にすることができなかったのです。自分の経験をいくら語っても，経験のない後輩には，先輩の自慢話にしか聞こえないのです。そんなときに私は教職大学院で学ぶチャンスをいただき，2年間研修を受けることになりました。

◉ 学校適応援助の専門的リーダー養成を担う教職大学院での学び───

　私が専攻したのは生徒指導・教育相談が学べるコースでした。漠然と心理学が学べたらよいという安易な考えからでした。しかし，2年間の学びは附属中学校での教科の教育実習に始まり，様々な実習に加え，統計学，特別支援教育，キャリア教育，心理学と多岐にわたりました。今まで部活動の指導にかまけて，腰を据えて研修を受けてこなかった私にとって大変な時間となりましたが，学ぶことが多い2年間でした。その中で，学校心理学の一次的援助サービスに関連した研究をする機会を得ることができました。アメリカで実践されている，P.B.I.S.（Positive Behavioral Interventions and Supports）の第一層支援を中学校で取り入れる研究です。簡単に説明すると，クラスや学年，学校全体でルールを決め，ルールを守らない生徒よりも，そのルールを守った生徒を注目し，その行動を褒め，その賞賛した回数を記録し「見える化」することで，生徒の規範意識や自己有用感に有意な向上が見られるかという内容です。現場にいるときに，相談を受けた「どのように生徒を褒めてよいのか分かりません！」という後輩への答えを探しているような研究でした。

◉ 現場に戻って──自らと同僚の実践力の向上を担う中堅教師として──

　2年間の教職大学院での学びを終え，現場に復帰してから，学級担任として研究実践を続け，次年度は学年主任として学年での実践，翌年は研究主任として学校全体での実践を進めました。現場は多忙を極めており，学校全体で足並みをそろえることの難しさを痛感しつつも校長のサポートもあり，ある程度実践を進めることができました。また，後輩へのアドバイスが自分の経験の押し売りにはならないよう努め，エビデンスに基づき心理学等の理論や先行研究を元にした助言が少なからずできるようになったと感じています。

　様々な家庭環境で育った生徒が集う学級において，学校心理学における一次的援助サービスの重要性をとても痛感します。子どもたちを取り巻く環境がめまぐるしく変化している現在，学校現場では生徒への援助方法も絶えず改善しなければなりません。大学院の先生が言われた，「今学んだことは3年で古くなります。学び続けてください」という言葉を忘れずに，これからも学び続けていこうと思っています。後輩にアドバイスができる中学教師であり続けるために。

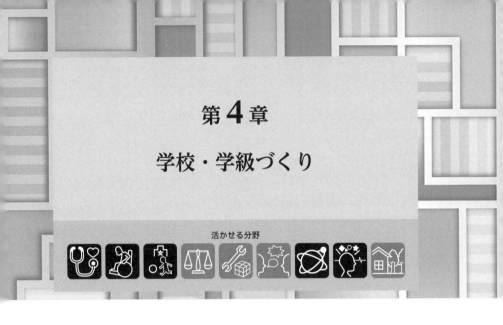

第4章

学校・学級づくり

活かせる分野

　学齢期の子どもたちにとって，学校や学級は，子どもたちが学校生活を送る重要な場です。学校や学級が安全で安心できるものであるかどうかは，子どもの健やかな成長に影響を与えます。そして，発達課題や教育課題に対して困難さをもつ子どもの問題の解決には，子ども個人に焦点を当てることと，学校や学級などの子どもの環境に焦点を当てる必要があります。

　そこで本章では，援助サービスの視点から学校づくり・学級づくりについて考え，学校における子どもの支援体制について焦点を当てて述べます。

1節　教育・学校心理学と学校・学級づくりの関連

1. 学校組織の特徴を踏まえた学校づくり・学級づくり

(1) 疎結合システムとしての学校組織

　淵上（1995）は，学校組織や教師集団の特徴として，教師どうしに職務上の緊密な結びつきは少なく，教師の自主性や個業性が保障され，学級経営や教科指導に関しては，教師の専門的能力に基づいた独自性が尊重された「疎結合システム」（Weick, 1976）であるとしています。「疎結合」とはお互いにはたらきかけられればそれに応えるが，通常は個々の独立性と分離性が保たれている状況のことです。

▲図4-1　疎結合システムのイメージ

　図4-1は，疎結合システムである学校組織のイメージですが，管理職と下部の組織との距離が短い「フラット」な形状をとっています。このような組織は，管理職からの指示が組織を経由して効率的に伝播させることが難しいという欠点をもちあわせているため，管理職の指示や命令がスムーズに伝わるようにすることが必要になります。つまり，校長の意思や考えを教師全体にどのように伝えられるかが重要になります。また，下部の組織は，例えば学年，学級，教科などのそれぞれの専門性によって独立しやすい傾向があることから，いわゆる横のコミュニケーションの重要性，つまり連絡や調整が組織の重要な機能になります（田尾，1995）。

（2）組織の特徴からみた学級経営

　このような特徴を踏まえて学校組織をみてみましょう。子どもたちの学校生活は，学級集団をベースとして行われています。特に小学生は，一日の大半を学級で過ごし，学級担任が授業や給食，清掃などのすべてに関わっています。そこで行われる教師の学級経営は，担任教師の自主性や独自のやり方などが尊重される傾向があります。「学級王国」という言葉などは，このことを象徴したものであると考えられます。

　また中学校では，学級集団だけでなく学年集団という単位が尊重されることがあります。例えば学年の教師が中心となって各学年の行事を計画することや，生徒の問題行動への対応をすることなどです。中学校では，「学年の対応が甘い」や「学年のほうで検討してください」などという言葉を耳にすることがあります。これは，学年という単位による決定が重要であることを示しています。しかし，この学年集団の独自性が尊重されすぎることは，自分の所属する学年のことはわかるが，他の学年の生徒についての情報を得にくい状況へとつながるこ

とがあります。

このような状況が「疎結合システム」の特徴をもつ組織では起こりやすいことを踏まえた学級経営を行うことが，特に担任教師に求められます。学級経営とは，学校経営，学年経営の基本方針をもとに，学級を単位として展開される子どもたちの学習活動や集団活動が有効に成立するよう，人的・物的・運営的諸条件を総合的に整備し運営することです（有村, 2004）。また生徒指導提要（文部科学省, 2010）では，学級経営を，学級という場において，一人ひとりの児童生徒の成長発達が円滑にかつ確実に進むように，学校経営の基本方針のもとに，学級・ホームルームを単位として展開されるさまざまな教育活動の成果があがるよう諸条件を整備し運営することであるとしています。つまり，学級経営は学校経営目標を達成するために担任教師が行う教育活動であることを認識し，自分以外の教師や学年間での連絡や調整，相談を意識しながら，学級の特徴や独自性を活かすことが重要です。

(3) 組織づくり，学校づくり

学校づくりという概念は，「地域に開かれた学校づくり」「いじめのない学校づくり」などのように広い意味で用いられています。その学校づくりには，学校経営が必要となります。学校経営とは，各学校がその教育目標を効果的に達成するために必要な組織づくりを行い，これを効率的に運営する営みのことです。そして学校経営は学校管理と学校運営の2つによって支えられています（牧, 1998）。学校管理とは，学校（教育）行政を通じて導入される公教育の実施に関する制度的枠組みを，個々の学校に即して再構成し，学校における教育活動の水準の維持と向上を保障することです。また学校運営は，各学校における教育実践を，人的，物的，財政的条件の最適な組み合わせにより効率的・能率的に促進するはたらきです。

この学校運営の1つに校内の組織づくりがあげられます。学校にある組織は，学級や学年だけでなく，校務分掌組織があります。校務分掌（組織）とは，学校教育の効果をあげるため，学校運営に必要な校務を校長が所属職員に分担することです。校務とは，学校全体の仕事を意味しており，①教育活動（例：教科指導，道徳，特別活動など），②教育活動を支える活動（教務関係や生徒指導関係などの直接的に教

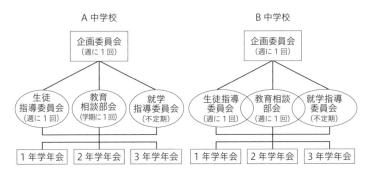

▲図 4-2　学校の校内組織図

育活動を支えるものと事務や研修などの間接的に教育活動を支えるもの），③教育活動に関連する活動（例：給食指導，公開講座，学校開放にともなう業務など）で整理できます（土屋，2010）。

　図 4-2 は，同じ県内の同規模の学校の校務分掌組織の中で，子どもの相談や支援を中心に行う組織の関係を図にしたものです。2 つの学校の組織図を比較してみると，どちらにも学年会が独立して存在していること，企画委員会が週に 1 回開催されていることなど共通点があります。また，ほぼ組織のつくり方が同じようであることが理解できます。しかし一方で，生徒指導委員会，教育相談部会，就学指導委員会などについては，異なっています。A 中学校では，これらの委員会などが独立していますが，B 中学校では重なるように組織されています。B 中学校ではこのような重なりを生徒指導主任や養護教諭などの役割をもつ教師をそれぞれの委員会のメンバーとすることによってつくりだしています。

2. 教育・学校心理学と学校・学級づくり

　このような学校組織の特徴を踏まえたうえで，自校の教育目標を達成し，効果的な学校づくりを行うためにできる工夫や援助の焦点について述べます。

(1) 生態学的な問題の把握

　ブロンフェンブレナー（Bronfenbrenner, 1979）は，人間の発達は，人がその環境をどのように受け止め，その環境に対処する仕方の

継続的な変化であり，人と環境が相互作用を起こしているととらえています。そしてその環境を生態学的環境とよび，マイクロシステム，メゾシステム，エクソシステム，マクロシステムという層構造で整理しています。マイクロシステムは，学校や家庭などのように，直接子どもに影響を与える，あるいは直接的に子どもの行動との相互作用を起こす環境のことです。メゾシステムは，学校と保護者との関係など子どもは直接関わることはないマイクロシステムどうしの関係を意味しています。またエクソシステムは，子どもが直接接することはできないが影響を与える環境（親の職場の人間関係など）であり，マクロシステムは，子どもの属する文化や社会的制度などを意味しています（Bronfenbrenner, 1979 ／磯貝・福富（訳），1996）。

　学校心理学（石隈，1999）では，子どもの問題状況は，子ども個人だけに問題があるのではなく，学校，学級，家庭などの問題の重複によって起こること，環境（家庭環境，教室環境，教師，保護者，友人など）と子どもとの相互作用によって問題が大きくなったり小さくなったりするものであるととらえます。この考えが生態学的アセスメントです（図 4-3）。例えば，教室の中で寝そべる，歩き回るなどの落ち着きのない行動をしていた子どもが，進級して新しい担任，新しいクラスになると，落ち着いて生活できるようになることがあります。これは，学級全体の雰囲気が，前年度には落ち着くことができな

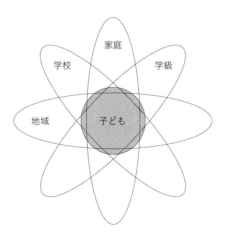

▲図 4-3　生態学的アセスメント（石隈，1999 を修正）

かった子どもの行動に影響を与え，さらに子どもが落ち着くことで学級全体にも影響を与えるという相互作用が起こっていると考えられます。特に音や刺激に敏感な子どもは，環境からの影響を受けやすいため，子どもが所属する集団をどうつくるかは子どもが学校生活を送るうえで大変重要なポイントとなります。図4-3からも理解できるように，子どもの問題状況は，学校や学級の問題，家庭の問題などの環境的な要因と，友人関係の難しさ，学習に関する意欲や理解などに対する困難さなどの個人的な要因とが重なることで起こると考えるのが生態学的アセスメントの特徴です。

　そしてこのような視点からの多面的な情報収集は，担任教師など特定の人だけの情報では不十分です。子どもの周りにいる援助者（例：担任教師，学年の教師，保護者，SCやSSW）がそれぞれの立場や専門性を活かして，子どもの情報を集め，それを子どもへの援助に活かすするだけでなく，子どもの周りにいる援助者からの情報を活かすことが重要です。教師にわかること，保護者にわかること，SCにわかることは違っていてこそ，子どもをいろいろな角度から理解することにつながります。

(2) 3層の援助チームのシステム

　このような考え方に基づく子どもへの支援がチーム援助です。学校心理学（石隈，1999）では，チーム援助による援助サービスのシステムを，3層の援助チームで整理しています（家近，2016；本書14ページの図1-4参照）。3層の援助チームは，学校全体の教育システムの運営に関するマネジメント委員会，学校の校務分掌などに位置づけられ恒常的に機能するコーディネーション委員会，特定の児童生徒に対して編成される個別の子どもへの援助チームです。これら3層の援助チームがそれぞれの特徴を活かしてその役割を担い，相補的にはたらくことにより，学校全体の子どもに対する目標と方針，情報の共有が可能になると考えられます。個別の子どもへの援助チームの情報は，コーディネーション委員会へと伝わり，さらにマネジメント委員会へと連携されます。また，マネジメント委員会からコーディネーション委員会，個別の子どもへの援助チームへと逆の情報が伝えられます。このような援助チームどうしの連携によって学校内に縦の情報

の共有をつくりだすことができます。

(3) マネジメント委員会

　マネジメント委員会は，学校全体の教育活動や学校行事や学校全体の教育計画に関わる援助サービスの決定など，学校の経営と関連する相談を行う委員会であり，学校では，企画委員会や運営委員会とよばれる委員会のことです。学校経営の目標は，子どもの人間的能力を引き出し，開発，発展させ，同時に子どもの学校生活での充実感を得ることを可能にするさまざまなはたらきかけを計画することやデザインすることです。そして，マネジメント委員会では，小島ら（2010）の示す校長が果たすマネジメント機能（計画立案と予算設定，組織化と人材配置，調整と問題解決，確実性とルールの構築）を遂行するために，参加メンバーに対する校長の直接的な意思伝達が行われ，自校の教育活動について学校全体の状況を踏まえた話し合いが行われます。

　山口・石隈（2009）は，心理教育的援助サービスのマネジメントという視点から，ある中学校の運営委員会（マネジメント委員会）に第一筆者がSCとして参加し，心理教育的援助サービスを行うマネジメント委員会の機能について整理しています。マネジメント委員会は，①問題解決・課題遂行，②校長の意思の共有，③職員の教育活動の管理，④組織の設定・活用・改善の4つの機能を果たすことによって，学校全体の子どもへの援助サービスを支え，同時に校長の学校経営も支えています。さらに，山口・石隈（2009）は，マネジメント委員会の意思決定のプロセスについて検討し，第1段階は問題・情報の共有化（学校全体の問題を参加メンバーが把握すること），第2段階は学校の課題に関する協議（第1段階で得られた情報をもとに話し合うこと），第3段階は決定（校長によって決められること），第4段階は指示・伝達（校長からの指示が出され，参加メンバーを通じて各学年や教師に伝えられる），第5段階終了であることを示しています。そしてこのプロセスは，循環的にはたらくこともあげられています。

(4) コーディネーション委員会

　コーディネーション委員会はマネジメント委員会と個別の援助チームとの中間に位置する委員会のことで，生徒指導委員会，教育相談部

会，特別支援教育に関する校内委員会や学年会などを総称した委員会のことです。コーディネーション委員会はマネジメント委員会と同様に，学校の校務分掌などに位置づけられており，定期的に開催されることが特徴としてあげられます。コーディネーション委員会は，「学校内外の援助資源を調整しながらチームを形成し，援助対象の問題状況および援助資源に関する情報をまとめ，援助チームおよびシステムレベルで，学校内外の援助活動を調整する委員会」と概念的に定義されています（家近・石隈，2003）。参加者は，教育相談係，SC，養護教諭，障害児教育担当などの援助サービスのリーダーとなる者と管理職など学校の校務分掌の編成とに関連して決定されます。また，学校の規模や職員の数，学校の課題などと関連してその編成は，学校ごとに柔軟に行われます。

　コーディネーション委員会は，学校全体に横の連絡や調整を生み出すことができる援助チームです。家近・石隈（2003）は，コーディネーション委員会の機能を，以下の4つで整理しています（図4-4）。

　　コンサルテーション機能および相互コンサルテーション機能：異なる専門性をもつ者どうしが協力して問題解決を行うコンサルテーションと相互コンサルテーションの機能。
　　学校・学年レベルの連絡・調整機能：情報交換だけではなく，把握した問題状況への方針を立て，必要に応じて校内の子どもへのチーム援助や各委員会，運営委員会に情報を提供し，役割の明確化，判断についての連絡や調整を行う機能。
　　個別のチーム援助の促進機能：個別の援助チームでの情報と援助方針についての進捗状況を確認し，新しい情報をフィードバックすることによって個別の子どもへの援助チームの活動を支え，促進する機能。
　　マネジメントの促進機能：管理職が参加することにより強められる，教職員との連携や校長のリーダーシップの発揮を促進する機能。

(5) 個別の子どもへの援助チーム

　個別の子どもへの援助チームは，子どもの問題状況がある場合その問題や課題を解決するためにつくられる援助チームであり，子どもの

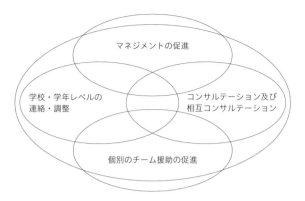

▲図4-4　コーディネーション委員会の機能 (家近・石隈, 2003)

問題状況が解決すると解散される援助チームのことです（田村・石隈,
2003）。援助チームは，その開始時期や終了時期，開催の頻度やメン
バーなどについても子ども一人ひとりの状況に応じています。援助
チームのメンバーは，これらの問題状況の解決をめざして，学級担任，
学年主任や養護教諭など，子どもの援助の必要性に応じて決定します。
　時には保護者を含んで行うこともあります。田村・石隈（2003）は，
SC として参加した援助チームの事例について，SC・保護者・担任が
協力して子どもに援助することの有用性を指摘しています。そして，
話し合いに担任教師や養護教諭など校内での異なる役割をもつ教師が
入ることや，自分の子どもの専門家である保護者が入ることで，それ
ぞれの専門性を活かすことができ，効果的な子どもへの援助を可能に
することを指摘しています。このように，援助チームメンバーによ
る話し合いには，「相互コンサルテーション」という機能があります。
またこの話し合いでは，特に子どもの学習面，心理・社会面，進路面，
健康面の４つの視点からアセスメントを行うことが重要であること
が指摘されています（田村・石隈, 2003）。

2 節　教育・学校心理学の学校・学級づくりへの貢献

　以上に述べた３段階の援助チームのシステムを整備することは，学
校のレジリエンス（打たれ強さ・回復力）につながると考えられます。
教育的レジリエンスという概念を提唱したワングとゴードン（Wang

& Gordon, 1994) は，個人の特徴，家庭環境，学校環境，地域環境における危険因子を減らし保護因子を高めることが子どもの問題行動の発生を予防するうえできわめて重要であることを指摘しています。そこで，学校や教師の力を高めるための1つの方法として，3段階の援助チームのシステムの中のコーディネーション委員会を活用したある学校の活動をもとに述べます。

1. コーディネーション委員会の進め方

　C中学校での第一筆者の実践（家近・石隈，2003）をもとに，コーディネーション委員会の具体的な進め方について述べます。

(1) C中学校のコーディネーション委員会の始まり

　C中学校では，X年の2学期より急激に問題が起こるようになりました。いわゆる「荒れ」という状況です。きっかけは，トイレの破損が起こったことに対する学校の対応がうまくいかなかったことでした。その後，学校内で暴力，服装の乱れ，けんかによるけが，授業妨害，教師への暴力，授業が成立しなくなるなどの状況になりました。その後，C中学校の教師は指導を継続しましたが，生徒の問題に対して後手に回り，生徒の問題行動が多発していました。

　このような学校の状況が続く中，校長の支持の下，既存の教育相談部会の研修会を拡大したコーディネーション委員会で生徒への支援を考えるようにしました。参加者は，校長，教頭，教務主任，養護教諭，生徒指導主事，教育相談主任，各学年から教育相談部員1名，相談員，SCでした。

(2) 教師のもつ話し合いへの抵抗の理解

　話し合いの当初，教師は校長から提案された話し合いの場（コーディネーション委員会）に参加することに対して不安や抵抗をもっていました。コーディネーション委員会は学校組織に位置づけられているため，教師個人にチーム援助の不安があったとしても校務分掌上の役割としてメンバーとなり，話し合いに参加することが求められます。そのため，参加することに対する不安をもったまま話し合いに参加している教師もいるということを理解しておく必要があります。

C中学校の教師は，参加理由として①校長のはたらきかけや命令，②校務分掌上の役割，③学校全体の指導の必要性と校務分掌上の役割，④新しい情報がほしいこと，⑤学校としての対応策の必要性，⑥専門家の存在があること，などをあげています。一方で，コーディネーション委員会に参加することへの抵抗感は，①時間を割くこと，②資料づくりなどの準備の負担，③話し合うことへの抵抗，④役に立たないという思い，⑤SCと考えがかみ合わないのではないか，などについて述べられています。

　コーディネーション委員会は，恒常的，定期的に行われます。そのため，充実した話し合いができなければ，教師は時間の無駄であると感じることや参加することが面倒くさいという感情につながってしまうことになります。そこで，話し合いが形骸化しないような工夫をすることが必要となります。教師の負担に配慮した設定時間などが例としてあげられます。

(3) コーディネーション委員会での話し合いの進め方

　家近・石隈（2003）では次のような流れでコーディネーション委員会が進められてます。以下の2つの事例のように話し合いを進めます。

【相談の事例1】
相談室に大勢の生徒が押しかけて騒ぎ，機能しない状態であることが相談員より訴えられた。以前は友人のできない生徒などが休み時間や放課後に相談室を利用していた。ところが非行傾向のある生徒が遊びに来るようになり，さらに人数が増えてくると相談室を占領して騒ぎ，おとなしい生徒に対してけんかを仕掛けるようになった。また，授業が始まっても教室に行こうとせず，相談員の注意も聞き入れないため，それまで相談室を利用していた生徒たちが相談室に近づけなくなっているということだった。

①アセスメント

　相談員は4月に着任したばかりで学校や生徒の状況がわからないこと，相談員が注意しても，生徒が受け付けない状態であることが把握されました。

②具体的な援助

　SC が相談員に対して相談室のルールがつくられているかどうか質問すると，それまでにこのような状況がなかったために，明確になっていないとのことでした。また，相談室のルールについてのアナウンスが，相談室便りからしかなされていないために学校全体としての正式なルールとして決められたものではないこともわかりました。

　そこで，参加者から相談室のルールを決めることが提案され，議題として採択されました。相談室のルールについては，相談員と教育相談部員が一緒に見直しをすることが教育相談部長から提案され，生徒へのアナウンスは相談室からの便りだけでなく，全校生徒に対し直接に確認したほうがよいという意見が別の参加者から出されました。また，ルールを実際に有効にするためには，相談員からではなく教師が生徒に告知するべきであるとの結論に達したので，生徒指導主任が伝えることが提案されました。そこで校長の判断により，全校朝会の場を使って生徒指導主任が話すことが決められました。その後，生徒だけでなく，教師にも相談室利用のルールが徹底される結果となり，相談室の状況は改善されました。

【相談の事例2】
　ある教師が授業のために教室に行くと教卓の上にゴミ箱が逆さに置かれており，該当教師は「教室に行くのが辛い」と訴えているということが教育相談部員から報告された。

①アセスメント

　情報交換をした結果，特定の学年，学級での出来事であるが，他の学級の生徒も面白がって加わっていること，この状況は始まってから間がないということがわかりました。

②具体的な援助

　話し合いの中では，教師個人の力量の問題であるという意味の発言も出ました。そこで，SC は，教師1人の問題だととらえて見過ごすといずれは自分のクラスでも起こりうる可能性があること，早いうちに援助をする必要性について伝えました。その後，できる範囲の援助を行うことで参加者の意見が一致し，それぞれの立場から考えられる

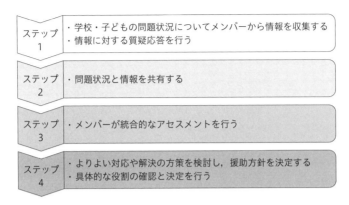

ステップ 1	・学校・子どもの問題状況についてメンバーから情報を収集する ・情報に対する質疑応答を行う
ステップ 2	・問題状況と情報を共有する
ステップ 3	・メンバーが統合的なアセスメントを行う
ステップ 4	・よりよい対応や解決の方策を検討し，援助方針を決定する ・具体的な役割の確認と決定を行う

▲図4-5　話し合いのステップ（例）

援助について考えました。同学年の教育相談部員から，1学期が終了する時期まで，同学年の教師が休み時間に廊下にいてそれとなく様子をみること，自分の学級の生徒を他のクラスに立ち入らないようにすることは可能であるという意見が出されました。そこで，しばらくの間，当該学年の教師が協力体制をとることで方針が決定され，校長の指示を受けて教育相談部員を通じて学年会へと方針が伝えられました。その結果，2週間程度の援助で状況は落ち着きました。

　以上の事例から話し合いのステップについて整理します（図4-5）。ステップ1では，学校や子どもの問題状況についてメンバーから情報を収集し，情報に対する質疑応答を行います。話し合いを効率的にするために，具体的でわかりやすい情報を伝えるように心がけることが重要です。ステップ2では，質疑応答後に参加メンバーがもっている関連する情報を出し，それぞれの立場から得られた情報について統合していきます。ステップ3では，共有された情報をもとにメンバーが統合的なアセスメントを行います。ここではなぜそのようなことが起こるのかという仮説をもとに，援助の可能性について検討します。ステップ4では，ステップ3の仮説をもとに，よりよい対応や解決の方策を検討し，援助方針を決定します。さらに，誰が何をするかという具体的な役割の確認と決定も行います。

2. コーディネーション委員会が学校に及ぼす影響

　では，コーディネーション委員会に参加することで学校や教師はどのような影響を受けるのでしょうか。家近ら（2010）は，コーディネーション委員会を継続した中学校を対象としてその影響について検討しています。対象としたD中学校の変化をもとにコーディネーション委員会が学校に与える影響について述べます。

(1) D中学校の概要および取り組み

　D中学校では，生徒の授業エスケープ，盗難，ゴミの散乱，落書き，喫煙，授業妨害，頭髪違反，踵踏み，遅刻，器物破損などの問題が多発していました。そこでD中学校では「生徒一人ひとりの援助ニーズに応じたサポート体制づくりをめざして」をテーマにして，学校改善に取り組み始めました。校長は，学校教育目標として「夢や希望をもち，自分を高め，仲間と協調する生徒の育成」を掲げ，落ち着いた雰囲気をつくり，正義が通り安心して生活できる学校にすることを始めました。重点的に取り組む項目として一番に生徒指導の充実をあげ，不登校生徒を減らし，生徒一人ひとりが生き生きと活動し，自分の力が発揮できる学校をめざしました。そこで，目標達成のために，①生徒指導の充実，正義が通り，安心して生活できる学校づくり，②学力向上と進路保障，③道徳・人権・特別支援教育の推進（違いを認め合い，お互いを励まし合う心豊かな人間関係づくり），④開かれた学校づくり・地域との連携の4項目を重点目標として設定しました。

　学校全体の取り組みの中心として位置づけられたことは，重点項目①の生徒指導の充実に関係する内容に関してです。そのため，生徒指導の組織づくりと指導体制の確立（縦の組織とネットワーク）をめざし，コーディネーション委員会（生徒指導委員会）を2つの班に分け，組織することにしました（図4-6）。主に生徒指導，問題行動などを担当する指導班と，主に不登校に対する相談や指導を担当する相談班です。相談班，指導班の開催時間，参加メンバー，主な活動内容を表4-1に示します。教頭については2人体制となっているため，指導班と相談班にはそれぞれ別の教頭が参加しており，指導班，相談班ともに定期的（毎週1回）に開催されています。

▲図4-6　D中学校のコーディネーション委員会（生徒指導委員会）

▼表4-1　D中学校のコーディネーション委員会（生徒指導委員会）の活動内容

コーディネーション委員会（生徒指導委員会）	開催	メンバー	活動内容（目標）
①指導班	毎週水曜（1校時）	校長，教頭①，生徒指導主事，学年生徒指導担当	問題行動等の集計，担任への指導助言，関係機関との連携，校内巡視
②相談班	毎週火曜（放課後）	（校長），教頭②，養護教諭，（SC），（生徒指導主事），担任	支援を要する生徒の一覧表および個別表の作成，出席・遅刻等の集計，情報交換および具体的な支援策の検討

注）（　）内は不定期に参加，教頭は2人体制であるため，教頭①，教頭②とした。

　このように生徒指導委員会を指導班，相談班の2つにすることで，非行の問題などへの対処的に指導する必要のある問題と，不登校などの学校への適応の問題などに対する継続的な援助との役割分担が明確になりました。また，必要な情報交換が指導班，相談班を通してできるようになり，やや手のかかる生徒に対しては，相談班と指導班からの情報や支援の方針が統合されて直接指導する教師に対する方針を出すことができるようになりました。

　D中学校の報告資料からは，学校全体の教育活動に対する家庭の協力を得られるようになる，問題を起こす生徒への学習指導に教師が根気強く関わるようになる，朝の読書の時間の設定によって静寂な時間の確保ができるようになるなどの変容がみられるようになったことが理解できました。

（2）学校に起こる変化：参加教師の体験から

　そこでこのような学校の変化を，教師はどのようにとらえているかをインタビューし整理した結果，教師は次のような変化が起こっていると感じていました（表4-2）。

①支えられ感

　支えられ感は，「自信・安心」「同僚の支え」などです。前述のC中学校の教師の例からもわかるように，教師にはコーディネーション委員会への参加には，時間を割くことや話し合うことそのものなどへの抵抗があると考えられます。しかし，コーディネーション委員会を効果的に進めることができると，参加者は，「他のところで話し合ってくれるので安心感がある」「本音で話すことができる」「理解して一緒にやってくれる仲間がいることは，校長として必要不可欠だ」「校長のバックアップがあってやりやすかった」などを感じるようになります。

②つながり感

　つながり感は，「学年間や教師どうしのつながり」「校内組織の連携」と「参加者の広がり」です。コーディネーション委員会への参加者は，「学年間の教師どうしのつながりができる」「学年の教師との信頼関係

▼表 4-2　学校の変化

分類	カテゴリ
①支えられ感	自信・安心
	同僚の支え
②つながり感	学年間や教師どうしのつながり
	校内組織の連携
	参加者の広がり
③援助者としての成長感	知識や視点の獲得
	自主的な援助
④話し合いの活性化	仕事上の役割の明確化
	時間の効率化
	問題状況の把握
	方針の明確化
	意思伝達
	説明

をつくり行動することができる」「学年からの問題が把握できる」「問題を担任1人で抱え込まなくてよい」「会議どうしの連携が図れる」「子どもの問題に関わる教師を増やすことができる」などの連携がスムーズになることや信頼関係をつくれることなどを感じています。

③援助者としての成長感

援助者としての成長感は，「知識や視点の獲得」と「自主的な援助」です。参加者は，「勉強になる」「広い視野を得ることができる」「教師が自分から進んで問題に関わるようになる」「すぐに援助・行動に移すことが可能になる」「他でも相談しようと思えるようになる」など，新しい考え方を得ながら自主的に子どもへの援助を進めていこうとする姿勢が出てきています。

④話し合いの活性化

話し合いの活性化は，「仕事上の役割の明確化」「時間の効率化」「問題状況の把握」「方針の明確化」「意思伝達」と「説明」です。参加者は，コーディネーション委員会での話し合いによって，「役割を明確にすることができる」「教師の能力や専門性を活かすことができる」「少ない回数で援助の効果を感じる」「効率よく話し合いを進めることができる」「援助が必要な子どもを見つけられる」「継続的な援助をみることができる」「問題の緊急性の優先順位を決定できる」「子どもへの指導の方針を明確にすることができる」「校長としての経営方針を伝えられる」「今後の課題を把握できる」「自分たちのやっていることを他の職員に示すことができる」などのことを得ています。これは，子どもの問題状況のアセスメントの流れが校内につくられていることを示しています。

以上のように，コーディネーション委員会は参加教師そのものに影響を与えるだけでなく，学校の雰囲気や同僚どうしの関係，校長からの意思伝達などの学校風土にも影響を与える可能性があります。

3節　学校・学級づくりの課題と展望

最後に，これからの学校・学級づくりの課題について述べます。
文部科学省中央教育審議会（2015）から「チームとしての学校の在り方と今後の改善方策について（答申）」が出され，スクールカウ

ンセラー（SC）やスクールソーシャルワーカー（SSW）などを学校の専門スタッフとして教職員定数に入れる方向性が提案されました。これは，今後の学校経営には，これまでの経営や運営の考え方に学校外の専門家との連携や協働を加えることの重要性を示しています（石隈，2016）。

「チームとしての学校（以下，チーム学校）」について，答申では3つが提案され，学校のマネジメントモデルの転換を図ることが示されています（本書22ページの図1-5参照）。

　専門性に基づくチーム体制の構築：学校内の教員がそれぞれの得意分野を活かして学習指導や生徒指導などさまざまな教育活動を「チームとして」担う指導体制を充実すること，心理，福祉，特別支援教育などの「専門スタッフ」を学校の職員として専門性を発揮できる環境の整備をすること，さらにチーム学校・家庭・地域の連携の充実することが強調されています。

　学校のマネジメント機能の強化：チーム学校が機能するためには，校長のリーダーシップが重要であり，学校内の分掌や委員会などの活動を調整して，学校の教育目標の下に学校全体を動かし，学校のマネジメント機能を強化することが求められています。

　教職員一人ひとりが力を発揮できる環境の整備：チーム学校を促進するためには，人材育成の充実，業務改善や教職員の働く環境の整備など，さらに教育委員会の支援などが重要であるとしています。

　学校に校務分掌を活用してマネジメント委員会やコーディネーション委員会を機能させることや，一人ひとりの子どもに対する個別の子どもへの援助チームによる援助をコーディネーション委員会からマネジメント委員会へと連携させることで，学校内に縦のつながりや新しい情報の循環をつくりだすことができます。このような3段階の援助チームのシステムを整備することは，学校のマネジメントの機能の強化や教師やSC，SSWの専門性を発揮する場を提供することにつながります。チーム学校の具体化のために，学校の組織的な見直しも必要であり，自校に合わせた工夫をすることがこれからの学校には求められています。

現場からみた学級づくり・学校づくり

　私が高校の社会科教員になってまだ駆け出しの頃，「学校の荒れ」が全国的に広まる中，各校では不登校問題も顕在化しつつありました。そんな折，やんちゃな生徒や不登校生徒との関わり方に行き詰まっていた私は，意を決して教育相談・心理学の門をたたきました。まず地域の教員の自主的な勉強会である教育相談研究会に加えてもらい，来談者中心療法を学びました。さらに筑波大学の聴講生となって，学校心理学の石隈利紀先生から「心理教育的援助サービス」（石隈，1999）の理論を学び，またカウンセリング心理学の國分康孝先生から「構成的グループエンカウンター（SGE）」（國分，1992）の技法を学びました。

　それ以後，学んだことを活かしながら，学校現場では教諭（学級担任，教科担任），教頭，校長，また県教育委員会では管理主事（高校入試担当，高校再編整備担当），高校教育改革推進室長，高校教育課長などさまざまな役職を経験させていただきました。どんな役職にあっても学校心理学やSGEで得た理論や技法は私の大きな支えとなりました。ここではその実践を紹介します。

● 学級づくり─────────────────────
1）学級担任として
　学級担任としては，生徒たちがより一層元気が出るようSGEなど，さまざまな学級づくりの取り組みを行いました。学級は，生徒にとって知識や技能を習得する「学習の場」であるとともに，生徒相互に影響し合いながら人間関係を成長発展させる「生活の場」です。そこで，ロングホームルームの時間を利用してSGEのエクササイズを実践しました。自己開示の体験により他者理解・自己理解が深まることをねらいとして，「2人組4人組」「マイライフライン」などを行いました。この結果，「一人ひとりが身近な存在となった」「クラスの中に溶け込めた」などの感想が述べられ，学級内の友人関係がより深まったと思います。また，集団機能の高まりに伴い学習意欲が向上し，欠席・遅刻・早退が減り生活態度の安定化にも効果があったと思われます（横島，1997）。

　また，学級担任の私がカウンセラー役を担うこともたびたびありました。まだスクールカウンセラーが制度化されていない時代でしたので，不登校，摂食障害，場面緘黙などの生徒に対して，試行錯誤しながらカウンセリングを行いました。

　なお，教師には特別な支援を要する生徒だけでなく，どの生徒に対して

も学習指導，生活指導，進路指導などさまざまな場面で生徒の不安や悩みに耳を傾けて聞くことが求められます。普段から傾聴や受容などのカウンセリング的な対応を身につけておくことも大切です。

2）教科担任として

教科の授業においても良好な人間関係が築き上げられれば，集団機能が効率よく発揮され学習成果を高められると考えて，SGE を導入しました（横島，2005）。

例えば，「政治経済」の授業では「夫婦別姓は認めるべきだ！」を論題として，グループ別に，立論，反対尋問，最終弁論，判定の流れで「ミニ・ディベート」を実践しました。プレゼンテーション能力を磨き良好な人間関係をつくるとともに，平等や差別についての理解を深めることができました。

また，「世界史 B」の授業では，2 人 1 組で問題の出し合いをするというエクササイズ「君も出題者」を実践しました。ここで大切なことは，互いに相手の作問や解答について感想を書き，自分の気持ちや考えを述べ合うことです。このような感情交流のある授業によって，より豊かな人間関係をつくり学習内容の定着が図られたと思います。

文部科学省は，学習指導要領の改訂にあたって，考える力や伝える力を強化するため，「主体的・対話的で深い学び」のできる授業実践を提唱しています。グループワークなどを導入した「アクティブ・ラーニング」により授業改善を求めています（文部科学省，2016）。これまでに学校心理学からも同様の提案がなされてきましたが，今後より一層授業改善に取り組んでいただきたいと思います。

● 学校づくり

1）校長として

生徒の多様化が進む中，校長の学校づくりにおいては心理教育的援助サービスの必要性がますます高まっています。

私が学校経営するうえで実践した一次的援助サービスとしては，生徒理解が深まることを目指して，学級担任に年間 5 回以上の生徒面談の実施を求めました。また，スクールカウンセラーにはストレスへの対応などについて学年集会での講話をお願いしました。二次的援助サービスとしては，生徒の学習意欲低下や学習成績不振が不登校の引き金になることもあるため，成績不振生徒に対する課外授業などにより予防的支援を行いました。そして三次的援助サービスとしては，学級担任など特定の教師が一人で問題を抱え込まないよう支援チームを編成しました。特に発達障害生徒の対応にあたっては，外部機関との連携を含め，より丁寧な支援を行いました。

加えて，校長が直接的に行う一次的援助サービスとして，「道徳」の授業

「道徳」の授業

全校集会のようす

や「ランチミーティング」を行いました。茨城県の県立高校では「道徳」を必修科目としていますので，私も年数回，人間関係づくりをねらいとした「結婚にとって大切なのは？」のエクササイズや，「ノンバーバル・コミュニケーション」を磨くためのグループワークなどを実践しました。

　また，昼休みに校長室において各学級 5 名程度の生徒たちと「ランチミーティング」を行いました。お弁当をともに食べながら，授業や部活動など学校生活や将来の夢について和気あいあいと語り合うことができました。

　さらに，全校集会での校長講話も貴重な一次的援助サービスの機会であると考え，「褒め合う」「ひたすらジャンケン」などの SGE のグループワークを行いました。生徒は意欲的に参加し，短時間ながらも人間関係づくりを学ぶことができたと思います。

2）教育行政職（管理主事）として

　県教育委員会での在勤中は，県立高校の教育行政に 11 年間関わりました。高校入試担当になった平成 10 年代前半の頃，不登校の中学生にとって高校進学は高いハードルとなっていました。そこで，学習意欲があるにもかかわらず欠席が多いことだけで進学を断念することがないよう，長欠の状況を説明する「自己申告書」を，志願先高校に提出できるようにしました。これにより不登校生徒にも高校進学の道が大きく開けました。

　その後，高校再編整備担当になった平成 10 年代後半の頃，新しいタイプの学校づくりに取り組みました。特に思い出深いのが，不登校や発達障害など特別な支援を要する生徒のニーズに応えられる学校づくりに関わったことです（茨城県教育委員会，2003）。多部制の定時制課程単位制を導入して，学ぶ時間帯や学ぶ科目などの選択幅を拡大するとともに，学校カウンセリングを前面に打ち出しました。茨城県では，この学校を「フレックススクール」とよんでいます。平成 17 年度に鹿島灘高校，平成 20 年度に結城第二高校，平成 24 年度に茎崎高校がフレックススクールに改編されました。各校の手厚い取り組みは地域から高い評価を受けていますので，さらに平成 30 年度には高萩高校が改編されました。

この改編にあたっては，「心理教育的援助サービス」を全面的に展開することを基本的な考え方としました。4種類（専門的，複合的，役割的，ボランティア的）のヘルパーが，4領域（学習面，心理・社会面，進路面，健康面）において，3段階（一次的，二次的，三次的）の援助サービスをまんべんなく実践することとしています。各校共通の代表的な取り組みは次のとおりです。

　心理・社会面における一次的援助サービスの典型的な取り組みとして，必修科目の「心理学」を開設しています。よりよい人間関係をつくることを目的に，学校独自のテキストを使って SGE などを行うものです。また，学校や地域の状況に応じて体験的な科目「楽しい和太鼓」「陶芸」「中国語」などを数多く開設しています。作品の制作・展示，発表や演奏などを通して，達成感・自己肯定感を高めるとともに，コミュニケーション能力の育成や人間関係づくりに成果をあげています。

　援助サービスの全面展開にあたって不可欠なのが，複合的ヘルパーとして配置している「カウンセリングコーディネーター」の存在です。学校内外の多様なヘルパーとの連携を図るとともに，自身もカウンセリングを行う重要な役割を担っています。まさにチーム学校の要です。

　また，ボランティア的ヘルパーとして県独自に「キャンパスエイド」を配置しています。心理学系の大学院生・大学生が校内（CAMPUS）に常駐して，一次的・二次的援助サービスを行う支援者（AID）として活動します。各校に年間約10人が派遣され，フリースペースなどにおいて生徒のメンタルフレンドとしての役割を担います。学校カウンセリング体制の目玉であり生徒にとっては友人関係，進路や学習などに関するさまざまな相談に乗ってくれる頼りになる存在となっています。

　これらの取り組みの結果，各校では入学後の不登校率が中学校時に比べて約3分の1に減少するなど改善がみられました（茨城県教育委員会，2014；横島，2016）。また，生徒の自己有用感が向上し意欲的になったことから，部活動加入率や学校行事参加率が高まるとともに退学者が減り，学校全体が活性化しています。

● おわりに────────────────────────────────

　以上，紹介した実践のほかにも部活動顧問のメンタルトレーニング，校長の教員評価面談などさまざまな場面で援助サービスを実践してまいりました。これまでに実践してきた数々の援助サービスが，少なからず生徒たちの成長発達に寄与できたと自負しています。

　これまでの40有余年の教員生活を振り返ってみれば，学校心理学などから学んだことは私の教育活動にとってかけがえのない財産であったと，改めてその出会いに厚く感謝しています。

今，学校は少子化やグローバル化など社会の急激な変化に伴う生徒の多様化や，平成 28 年施行の障害者差別解消法を踏まえた合理的配慮などさまざまな課題に対面しています。このため，特別な配慮を要する生徒に対する支援のさらなる充実が求められます。あわせて学級づくりや学校づくりを行ううえで，心理教育的援助サービスのより一層の実践が望まれます。
　現在子どもたちに関わっている方，あるいは今後関わろうとしている方には，子どものニーズを的確かつ迅速につかみ適切な支援ができるよう，学校心理学の知見を十分に身につけていただくことを切に願います。

第5章

生徒指導・教育相談・キャリア支援とガイダンス

活かせる分野

　私たちは学校教育で多くを学びます。学校教育は，子どもの学力をつけるだけでなく，一人ひとりの子どもの全人的な成長を促進させる役割を担っています。社会のルールを尊重し，心が落ち着き，居場所をもち，社会における役割を担い，自分らしく豊かな人生を送るために，学校でできることは何でしょうか。また，学校教育に関わる各専門家は，そうしたことをどのように支えているのでしょうか。

　小学校に入学した子どもは中学校・高校と，学齢期を通して，幾度も生徒指導・教育相談・キャリア支援に接します。これらは，学校での校則・生活指導，悩み相談や進路相談など，学校生活の充実に大きく関係します。本章では，多様な専門性をもつ教職員により，すべての子どもを対象にして行われる生徒指導・教育相談・キャリア支援と，ガイダンスについて概観します。そして，それらの不登校やいじめ防止などへの支援に向けた貢献について紹介します。

1節　教育・学校心理学と生徒指導・教育相談・キャリア支援の関連

1.　生徒指導と教育相談

　生徒指導と教育相談は，学齢期の子どもたちを異なる側面から支えます。規範的な行動や考え方を示し自律的な行動をめざす生徒指導と，

その児童生徒に寄り添い，成長を促進させようとする教育相談は，「両輪」にたとえられることがあります。両者ともに，第二次世界大戦後の教育改革が大きな契機となり，子どもの個性や課題の変容に沿って日本で広げられてきました。

(1) 生徒指導

　生徒指導は，1945 年以降，第二次世界大戦を終えた新教育制度の導入により，アメリカからの教育使節団によってわが国にもたらされました（小林・藤原，2014）。そして新しい教育の民主化の例をもとに，日本で独自に展開されてきました。これまでの生徒指導の変遷をみても，戦後の混乱期以降，社会の変化にともなって，考え方が大きく転換していることがわかります（表5-1）。この年譜では，平成 20 年代前半までの経緯がまとめられていますが，それ以降の日本の生徒指導の動向は，さらに急速な社会の変化に対応することが求められています。

▼表 5-1　生徒指導略歴（文部科学省，2019a より抜粋）

導入期：昭和 20 〜 25 年		教育基本法・学校教育法など新たな法令整備
整備期：昭和 26 〜 46 年		ガイダンス（生徒指導）導入。担当指導主事配置
改訂期：昭和 47 〜 58 年		非行の低年齢化・対教師暴力増加，生徒指導見直し
発展期：昭和 59 〜平成 10 年		積極的生徒指導のアプローチへの着目
転換期：平成 11 〜 22 年		強圧的指導からの脱却

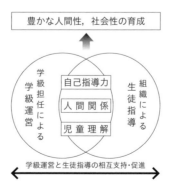

▲図 5-1　学級運営と生徒指導の関係図（国立教育政策研究センター，2008）

①生徒指導の定義

　生徒指導は，「社会の中で自分らしく生きることができる大人へと児童生徒が育つように，その成長・発達を促したり支えたりする意図でなされる働きかけの総称（国立教育政策研究所，2015）」です。生徒指導は，学級担任や学校組織全体が，豊かな人間性や社会性の育成に向け行われる（国立教育政策研究センター，2008）児童生徒の主体的な成長・発達の過程を支えるはたらきかけをめざします。

> 社会性の育成：学校生活の中で児童生徒自らが，社会的資質を伸ばすとともに，発達段階に即して，さらなる社会的能力を獲得していくこと。
> 社会に受容される自己実現：社会的資質・能力を適切に活かして，自己実現を図りながら自己の幸福と社会の発展を追求していく大人になること。

②生活指導

　生徒指導の理念と共通した表現に，「生活指導（Life Guidance）」があります。生活指導は，生活を通した自分づくりの営みの指導・支援・援助を指し，「子どもを一人の生活者ととらえ，学校生活に適応するための適切な振る舞いに向けた指導援助」を行うこととされています（山本ら，2014）。適切な振る舞いには，主に社会性の視点が反映されています。生活指導には管理や取り締まりというニュアンスが含まれると考えられがちですが，子どもの自主性の尊重と社会的自立の支援が目的である点は，生徒指導とも共通しています。

　人は学齢期以降も，人生を通じて，他者と関わりながら暮らします。自らのよさや強みを活かしながら，学び，家庭の内外の仕事をし，社会的役割を果たし，日常生活を豊かにするには，社会性とともに，自分や大切な他者の心のありようを把握し，思いや考えを交流したり，困難を克服したりという問題解決や，自ら内省し自分の心と向き合い，心の中を整理することも求められます。

（2）教育相談

　教育相談の起源は2つの流れがあります。1つは，明治時代に

「相談所」が開かれたことに由来します（小林・藤原，2013；西山，2012）。もう１つは，アメリカのスクールカウンセリングに由来するものです。学校における教育相談は，第二次世界大戦後に，ガイダンスが「生徒指導」として日本に導入され，カウンセリングを日本の学校教育に合った形で取り入れた折にあてられた訳語です。

①教育相談の定義

　教育相談は，教育上の困難を克服するため，本人・保護者・教職員などに対して行われる助言・指導とされていました（文部科学省，2007）。そして，生徒指導提要（文部科学省，2010）では「教育相談は生徒指導の一環として位置づけられるものであり，その中心的役割を担う」とし，「児童生徒それぞれの発達に即して，好ましい人間関係を育て，生活によく適応させ，自己理解を深めさせ，人格の成長への援助を図るもの」とされました。悩みや困難の克服に加え，学校生活を充実させ，豊かな人生を送るための力を高めることが含まれました。

　さらに，「児童生徒の教育相談の充実について〜学校の教育力を高める組織的な教育相談体制づくり〜（報告）」（文部科学省，2017）では，教育相談に関連した課題である「不登校，いじめや暴力行為等問題行動，子供の貧困，虐待等」の未然防止と早期支援・対応の必要性が示されています。言い換えると，事後対応だけでなく，こうした課題を抱えないための予防的対応までが含められているといえます。

②教育相談の実践

　教育相談は，学級担任によって，児童生徒への支援として行われてきました。各自の発達段階を踏まえ，当事者とともに個々の課題や悩みの解決を図ります。児童生徒が抱える課題は多様です。成績や部活動の悩みを抱えている生徒や，家族の離別に心を痛めている児童など，さまざまな課題があります。教育相談は，生徒指導の一環とされ，全員に行ったりニーズに応じたりと多様な方法があります（表5-2）。

　すべての児童生徒が学級担任等との間で行う「定例教育相談」は，一次的援助サービスとして，全員を対象としつつ，短時間でも個々の児童生徒に最適な関わりをもつ機会となります。普段は把握できない「気になる状況」に少し踏み込んで尋ねるなど，一人ひとりの児童生徒に応じた問いかけを盛り込むことができます。その中で，より深刻

▼表 5-2　学校における多様な教育相談の解説

	類別	内容の解説
1	全員への定例教育相談	年間複数回行われ，主に学級担任が，学級内の児童生徒全員に対して，個別に時間を取り，教育相談を行う。児童生徒から相談がない場合は，教師から問いかけるなどして学校生活の充実に向け支援する。
2	依頼・希望による自発的な教育相談	主に中学・高校で，校務分掌（校内の役割分担）として教育相談を担当する教員や，週1回程度来校するスクール・カウンセラーが，毎週定められた時間に校内の相談室に待機したり，都度に教科の準備室などの場所を設定したりして，依頼や希望をしている児童生徒の相談に乗る。
3	呼び出し（声かけ）相談	自発的に相談しない児童生徒に，気になる様子が見られた場合，学級担任や養護教諭及び教育相談担当者などがそれとなく声をかけ，日常会話など心理的負荷の少ない話題から相談へといざなう。
4	常設相談室の教育相談	主に私立学校や新構想の中学校・高等学校でみられる。専任教育相談担当者や専任 SC が配置され，相談への対応を常時行う。課題のある児童生徒への対応だけでなく，予防的な対応も行われる。

な課題が見いだされるといった，早期発見の機会にもなるのです。

　本人・保護者からの依頼による「自発的な教育相談」では，相談者にとって何が最も気がかりなのかを把握します。語られている言葉だけでなく，その背景にある心情・なぜそのことを自分に伝えようとしているのかといったことを慮ることに努めたいものです。

　相談する側に援助ニーズ（援助を求める気持ち）が援助する側の課題意識ほどには高まっていない場合に行われる「呼び出し相談」は，誰が対象であっても，当事者の心の負担に配慮し，相談する場所や話のもちかけ方，対応者の検討などを丁寧に行う必要があります。

　スクールカウンセラー（本章では以下 SC）やスクールソーシャルワーカー（本章では以下 SSW）または教育相談担当の先生が常駐する相談室がある場合，本人や保護者がある程度時間を選んで相談に出かけることができます。教師を通して申し込む場合もありますが，学校によっては，直接に連絡できる方法を設けている場合もあります。相談窓口へのルートの複線化を図ることは，相談のしやすさにつながりますので，検討したいものです。

　以上，表 5-2 とあわせて，いくつかの相談スタイルをお示ししまし

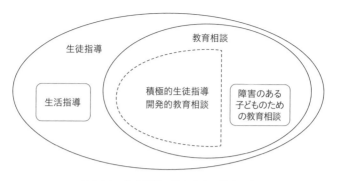

▲図 5-2　生徒指導・教育相談の構成要素

た。自分に困ったことが起きた際，援助を求めることを「援助希求・非援助志向」といいますが，1人で悩まず相談してみることは，解決に向けた大きなステップになるだけでなく，将来的にもっと大きな課題を抱えたときの対処の仕方を学ぶことになります。

　定例の教育相談は，すべての学級担任により行われ，養護教諭も保健室でヘルスカウンセリング（健康相談活動）を行うこととされています（文部科学省，2008）。さらに深いカウンセリングや福祉的介入には，主に非常勤 SC や SSW があたります。教育相談担当の先生（教育相談コーディネーター）が対応する学校もあります。

(3) 生徒指導・教育相談の構成要素

　生徒指導・教育相談はいずれも大きな概念です。生徒指導は教育相談を包含するものとされています。先に述べた生活指導は，主に生徒指導領域に含まれます。一方で障害のある子どもの適切な学校適応のためには，実態把握や適切な学習環境を設定するための相談が行われ，これも教育相談と呼ばれています（図 5-2）。いずれも子どもの学びの基盤づくりとして，教育を専門とする教師と，心理・福祉などの専門職の協働が重要です。

　生徒指導では児童生徒の問題に目が向きがちですが，近年，「予防教育」という考え方も注目されています。問題に事後対応するのではなく，問題を抱えにくいような心理教育を，個人・小グループ・学級などで行うことが効果的です。この点は積極的生徒指導や開発的教育相談として位置づけられます。

2. キャリア支援とガイダンス

(1) キャリア支援

　社会に出ていく児童生徒を育む学校の役割の中に，その方向づけをするキャリア支援，つまり学校での学びをまとめ，自らの人生の方向づけに反映させるという大きな課題があります。キャリア支援は，キャリア発達の促進です。学校現場では事後対応としての指導だけでなく，規範的視点から社会性を育む生徒指導や，自我の確立・悩みの克服といったことをさまざまな立場の分掌の教職員でともに支えているのです。その中でキャリア発達の促進も変わっています。

　私たちは現在，新しい知識・情報・技術が，政治・経済・文化などのあらゆる社会領域の活動基盤となる「知識基盤社会」に生きています。これは，狩猟社会（Society1.0），農耕社会（Society2.0），工業社会（Society3.0）に続く社会形態である，情報社会（Society4.0）となります。さらに，近未来に予想されている超スマート社会（Society5.0）は，仮想空間と現実世界がさらに融合した社会です。その中で，過去にない社会状況やそれに対する判断を行いながら，自分の人生を豊かに生きるためには，自分を理解すること・他者を理解すること・そして変わりゆく社会全体の状況を理解することが求められます。

　例えば，インターネットには多くの情報が氾濫しています。その情報に振り回されることなく，そこから正しい情報を取り出し，必要に応じて実生活に活用しなければなりません。そうした健全な批判的思考は，学校教育を通して培っていくことができます。

①キャリア教育とキャリア支援の定義

　キャリア（career：生涯・経歴）は，車輪のある乗り物を意味するラテン語（Carrus）が語源とされ，そこから轍（わだち）の意となり，人の経歴や生き方などの意味が含められました（藤田，2014）。日本でこの言葉が普及した1990年代には「キャリアウーマン」などの表現で使われていました。その時点では「キャリア」は「仕事」とほぼ同様の意味に用いられていました。しかし，実際のキャリアは，「その人なりに仕事・役割をどう果たしていくか」について考えることを含みます。「今」を中心に，それまでとその後を考え，人生の今とその後をよりよく生きるための学びがキャリア教育なのです。

キャリア発達とは，人生の各段階で，自分と向き合い，自分の仕事や生活に意味を見つけ，自らの役割の価値や自分と役割の関係を見いだすことの積み重ねです。そして，自分がどこにたどりつけそうか，どこへ向かいたいかを展望することでもあります。表5-3にあるとおり，キャリア発達の促進では，小学校が基盤形成段階・中学校が暫定的選択段階となります。読者の皆さんの中には「職場体験」などの名称で，中学校でのキャリア体験を校外で行ったことがある方も多いと思います。その実習先を考えたり，高校受験を前に，遠い将来の計画を考え，受験先を決めることなどは，この暫定的選択の体験といえます。そして高校になると，自分の将来の選択をより精緻に行っていくようになります。

　私たちには，学齢期を終えても，多くの生き方を方向づけする岐路に立つ機会がめぐってきます。キャリア支援は，ガイダンスとして学校で仲間とともに学ぶ段階から，自分を理解し，社会を理解し，自分の生き方の選択について考える力を，子どもが発達段階に応じて獲得できるよう，周囲が支えることであり，最終的には本人が自分1人で周りに助けを求めるなどしながら選び取っていけるようになることなのです。

②キャリア支援の課題

　初等・中等教育段階で，キャリア支援はどのように行われているのでしょうか？　皆さんが義務教育段階を過ごしているとき，どんな内容の支援を受けた記憶がありますか？

　早期には，進路指導として，卒業直後の進路を検討することに限定した指導が行われがちでしたが，中学3年になって，唐突に，どの高校に行きたいかを考えると戸惑ってしまうでしょう。そうしたことから，学校教育において，キャリア支援は学齢期全体で行われる必要があるという考え方が，徐々に明確に示されるようになってきました（文部科学省中央教育審議会，2011，2016；表5-3）。よりよい生活や人間関係を築こうとする自主的，実践的な態度を育てる教育活動として位置づけられたのです。

　キャリア支援の中核となるキャリア教育は，小学校から高等学校まで教育活動全体の中で「基礎的・汎用的能力」を育むものとされています。過去には狭い意味での「進路指導」と混同され，中学校・高等

▼表 5-3　キャリア教育の段階的な実践に向けた指針

		小学校	中学校	高等学校
		進路の探索・選択に かかる基盤形成段階	現実的探索と暫定的 選択段階	現実的探索・試行と 社会的移行準備段階
教育にかかる課題の例（特別活動）学習指導要領に示されるキャリア	学級会活動，生徒会活動，学校行事を通した自分の役割を果たす	・自己及び他者への積極的関心の形成，発展 ・身のまわりの仕事や環境への関心，意欲の向上 ・夢や希望，憧れる自己のイメージの獲得 ・勤労を重んじ目標に向かって努力する態度の育成	・肯定的自己理解と自己有用感の獲得 ・興味，関心等に基づく勤労観，職業観の形成 ・進路計画の立案と暫定的選択 ・生き方や進路に関する現実的探索	・自己理解の深化と自己受容 ・選択基準としての勤労観，職業観の確立 ・将来設計の立案と社会的移行の準備 ・進路の現実吟味と試行的参加

学校での入学試験対策や就職活動のみ・職業の理解のみを目的とした活動が行われた経緯があります。

　一方，小学校では「進路」「生き方」などを指導する領域が限定されていませんでした。キャリア教育の中では，地域の人々の仕事などを社会科と総合学習とのクロスカリキュラムで行ったり，特別活動の中で社会性を身につけるというような目標設定で，社会性の習得などの実践が行われたりした例もあります。しかし，特別活動には進路に関する内容が存在しなかったため，体系的ではありませんでした。そこで 2019 年度施行の学習指導要領では，キャリア教育本来の役割を改めて明確にするためにも，小学校段階から特別活動にキャリア教育の視点を入れていくことの重要性が強調されました。

③キャリア支援の実践

　キャリア発達は，人間関係形成・社会形成能力，自己理解・自己管理能力，課題対応能力，キャリアプランニング能力に整理することができます（文部科学省中央教育審議会，2011；図 5-3）。これら 4 分類は基礎的・汎用的能力として，学校生活のさまざまな学びを通して獲得されるべきものです。例えば，小学校では給食当番や係活動や体育祭の役割など，自分の属するコミュニティに貢献する活動が，日常的にも行事ごとにも設けられています。それを一人ひとりが果たしながら，非認知能力や集団への貢献のための力量を高める必要があります。

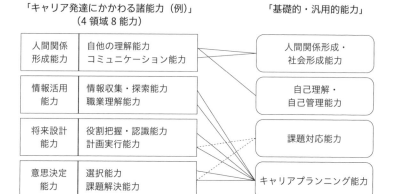

「キャリア発達にかかわる諸能力（例）」
（4領域8能力）

人間関係 形成能力	自他の理解能力 コミュニケーション能力
情報活用 能力	情報収集・探索能力 職業理解能力
将来設計 能力	役割把握・認識能力 計画実行能力
意思決定 能力	選択能力 課題解決能力

「基礎的・汎用的能力」

| 人間関係形成・
社会形成能力 |
| 自己理解・
自己管理能力 |
| 課題対応能力 |
| キャリアプランニング能力 |

注）図中の破線は両者の関係性が相対的に見て弱いことを示している。「計画実行能力」「課題解決能力」という「ラベル」からは「課題対応能力」と密接なつながりが連想されるが，能力の説明等までを視野におさめた場合，「4領域8能力」では，「基礎的・汎用的能力」における「課題対応能力」に相当する能力について，必ずしも前面に出されてはいなかったことが分かる。

▲図5-3　キャリア教育に関わる諸能力と基礎的・汎用的能力の関係（文部科学省
中央教育審議会，2011）

（2）ガイダンス

①ガイダンスの定義

　ガイダンス（guidance）という言葉は，「新入生ガイダンス」や「進路ガイダンス」などの使われ方をしていますが，辞書では「①指導。特に，ある事柄について初心者に与える入門的指導。②生活・学習のあらゆる面にわたり，生徒が自己の能力や個性を最大限に発揮し得るように与える援助（三省堂大辞林第三版）」とされています。

　文部科学省（2008）は前学習指導要領（平成20・21年公示）の総則で，「ガイダンスの機能の充実」を図る必要性を指摘しています。ガイダンスとは2つの大きな意味合いをもちます。1つは学校において，社会的なルールや規範および進路や資格取得などについて，主に集団に対して解説・紹介をする役割です。もう1つは機能として，ルールや規範の獲得を目指した教育活動の枠組みのことを指します。生徒指導をそのままガイダンスとする場合もあります。

②ガイダンスの実践

　ガイダンスの具体的な活動は，主に生徒指導上のルールを学校全体で共有するための取り組みをいう場合もあります（前述の「ルールや

規範」)。児童生徒が学校のきまりを守れるようになる指導は，将来的には健全な社会の構成員を，学校教育で育むことにつながります。

　例えば，毅然とした指導を行うことの必要性を強調される中，「ゼロトレランス方式の生徒指導」により，効果をあげた実践があります（西山，2006）。結果的にこの実践では，ゼロトレランス（不寛容）であるべきは，生徒にわかりやすいルールの提示と，教員の指導の基準でした。教職員集団でガイドラインを統一して指導することにより「ぶれない生徒指導」を行うことができ，児童生徒が獲得すべき規範意識やマナーを，高校段階で習得することにつながりました。

　この例でいえば，全生徒へのルールの提示をガイダンスと位置づけ，遵守できない生徒の指導や援助を個に応じて行うこととあわせて実践されます。また，全体に向けて行われる進路指導でも，学年単位などでガイダンスが行われたのち，各学級担任が学級で指導したり，個別に相談に乗ったりと，多様なアプローチで若者の未来に向けた支援が行われます。こうした集団と個への指導を併行することが重要です。

2 節　教育・学校心理学の生徒指導・教育相談・キャリア支援への貢献

　本節では，教育・学校心理学の視点からみた生徒指導・教育相談・キャリア支援について，理論をふまえた実践的な側面から説明します。教育・学校心理学では，すべての児童生徒の学校生活の充実に向けた支援を行います。その中には，学校適応に何らかの課題を抱えている児童生徒も含まれます。

1. 教育・学校心理学の理論的貢献

(1) 教育心理学の知見

　教育心理学は，教育に関わる事象を心理学の知見で明らかにしようとする学問領域であり，学校での教育活動にも応用されています。

①教育心理学における学習理論

　心理学の学習理論には大きく分けて S-R 理論と認知理論があります。S-R 理論は「刺激（stimulus）に続いて反応（response）が起こる」と考えます。例えば「パブロフの犬」で知られている古典的条件

づけの実験では，犬に食物を与える前にメトロノームの音を聞かせる行為を繰り返すと，メトロノームの音が聞こえただけで唾液が分泌されるようになることが示されました。これを用いると，学校に到着するとすぐに「教室へ行くのが怖い」と感じる不登校傾向の心のプロセスにもあてはめられます。

②学習理論に基づく見立ての例

　学校でこの知見はどう応用できるでしょうか。

　教室に行きづらい小学 3 年生の A 美さんが保健室で休んでいます。学級担任の B 先生や養護教諭の C 先生が，授業開始のチャイムが鳴る頃には熱心に声をかけ，「教室に行こう」と促しますが，A 美さんは頭が痛い様子で毎回動けません。そのうちチャイムが鳴るだけで頭痛がするようになりました。SC の D 先生に A 美さんは「教室に行こうと思うと頭が痛くなる」と話したそうです。

　放課後に行われた気になる児童の支援を話し合う「校内支援委員会」で，SC の D 先生はこんな「見立て」をされました。長い間，級友との連絡がとれていない A 美さんは，疑心暗鬼になり，教室が怖いと感じるようになったのでしょう。そして業間休みが終わるチャイムが鳴る頃になると，また教室に行こうと誘われるかもしれない……と不安になり，頭痛がしてしまうようになったのではないでしょうか。これが「誤学習」となったのではないかと分析されました。

　つまり前述の S-R 理論を当てはめると，業間休みの終わりのチャイムと教室へ行く誘いが連動し，チャイムの音だけで頭痛という反応を起こしてしまうようになったと説明がつきます。

③行動療法を活用した支援の例

　A 美さんのために，本人が抵抗を感じる場所や場面に徐々に慣れていくようトレーニングを行う行動療法による支援を考えてみましょう。A 美さんの場合は，まず授業の直前に誘うことはしないと約束し，安心してもらい，そのうえで，授業中に，養護教諭の先生と少しだけ校舎の中を歩いてみます。授業時間に保健室のある 1 階を歩けたら好きなシールを 1 枚記録カードに貼り，また次の日もそれを行い，少しずつ教室のある 2 階に近いところまで進みます。無理をせず，できたことを賞賛し，学級担任の先生にもカードにシールがたまっているのを見てもらいます。このようにスモールステップで克服すべき目

標に近づき，それをトークン（この場合はシール）で賞賛する方法は，「トークンエコノミー法」という行動療法の方法を利用した援助です。

　このように学習理論を活用すると，心理的負担を軽減することができ，子どものペースを尊重した支援を行うことができます。

（2）学校心理学の知見

　心理学の応用領域の1つである学校心理学では，過去約30年，実践研究が積み上げられてきました。School Psychology（アメリカの学校心理学）では，主に困難を抱える児童生徒の実態把握（アセスメント）を行い，学習などの到達度やその他の適応を阻む課題および困難の度合いを明らかにします。それをもとに児童生徒をとらえ，支援の決定に有益なアセスメントをし，適切な学習環境に子どもを配置し，必要に応じて相談や指導的な援助などを行います（石隈，1999）。

　学校心理学の理論では，学校適応に課題のある子どもの支援について，その深刻さにより3段階に分けてとらえ（本書13ページの図1-3を参照），すべての子どもに向けた一次的援助サービス，何らかの困難を抱えている一部の子どもへの二次的援助サービス，他領域の専門家とも連携して支援するべき三次的援助サービスと分けられています。

　この深刻さの度合いで分類する考え方は，学校教育相談（大野，1997），スクールカウンセリング（ASCA，1995），および特別支援教育（Sugai，2014）など，他の隣接領域とも共通したアプローチです。学校において支援する児童生徒の優先順位をつける際に，こうした分類方法を活用することでバランスのよい支援になります。この方法は校内で各担当者が役割分担をする際に効果的です。

　さらに，これら3つを適切に運用するために，RTIモデル（Response to Intervention）という考え方が活用できます（Sugai，2014）。RTIでは，すべての子どもをみる中で，気になる状況を示す子どもがいないかを把握する役目を果たす一次的援助サービスで，まず学習や心理教育などの実施を試みます。RTIではそうした対応の手順をシステム化して示すなど，多くの子どもに有効な手立てを試みます。学習や対人関係，情緒や行動面に課題がみられるときは，こうした視点をもって，学級担任のみならず校内の異なる専門性をもつ教職員が協働するのです。

2. 教育・学校心理学の実践上の貢献

　教育・学校心理学の実践においては一次・二次・三次それぞれの取り組みがありますが，ここでは生徒指導における一次的援助サービスの例を紹介します。

(1) 生徒指導での一次的援助としての積極的行動支援（PBIS）の応用

　生徒指導の実践では，問題行動が起きた際に適切な指導をすることに関心が寄せられてきました。違反行動に対して，その行動が正しくないとその児童生徒に示すことは，生徒指導で自己指導力を身につけ規範的行動を教えることです。しかし，子どもが適切な振る舞い方を理解し，そのように行動できるとは限りません。

　生徒指導では，予防的対応は大変重要です。起きてから対応するという事後対応のみにならないような工夫が必要です。学校全体に一次的援助サービス（すべての児童生徒への支援）を導入することは，ある先生が自分のクラスだけで実施するより，はるかに多くの成果を生みます。こうしたことも連携や協働が重要だといわれている所以です。一方で，すぐに全体に広げることは難しい場合には，クラス単位・クラブ単位などできるところから小さな活動を成功させ，それを学年・全校・地域と広げることにつなげられるとよいでしょう。

　すべての子どもが好ましい行動を学ぶ機会をつくることは，問題行動の予防とポジティブな教育環境づくりに大きな成果をあげます。その先行的な実践は，アメリカにおける応用行動分析に基づく「ポジティブな介入による積極的行動支援（Positive Behavior Intervention and Supports: PBIS; Sugai, 2014）です。包括的なプログラムとしては，生徒指導と学習支援を一体化させ，一次的援助レベルで収まらない課題に対しては，二次的援助サービスとして，より個別化された対応を行い，さらに難しい場合は，外部の治療・療育期間などと協働した支援を行います。この理論はアメリカの School Psychology や発達障害をはじめとする特別な教育的ニーズのある子どもへの支援で取り入れられた考え方です。

（2）実践の具体例

①生徒指導の体系化を推進する一次的援助サービスの導入例

　生徒指導において問題行動と叱責というネガティブな連鎖を抜け出すため，一次的援助サービスの中学校での実践が試みられた例を示します（林田・西山，2017）。事後対応が中心の生徒指導をプロアクティブに推進することをめざし，前述した，応用行動分析に基づく「ポジティブな介入による積極的行動支援（PBIS; Sugai, 2014）」を用いた実践です。

　実践先では学校の教育理念に基づき，生徒の守るべきルールは示されていたものの，具体的な行動は明示されていませんでした。PBISの取り組みとして，守るべき生徒指導のルールを場面別に，より具体化して表したのです。例えば「団結」という目標は，清掃時間であれば，担当の清掃場所を皆で力を合わせて清掃することにより行動に表れます。好ましい行動を場面ごとに例示した行動チャートを各学級に掲示し，そのうえで好ましい行動をした生徒に対しては，ポジティブな行動を強化するための賞賛のチケットを配布しました。それを学級や班ごとに累積し，月単位で評価して報酬を得るというシステムをつくりました。これを全生徒への一次的援助サービスとして学年団で推進したところ，生徒の対人的規範向上・対人的規範遵守・個人的規範遵守，および教師との関係で，自尊感情が向上しました。

　つまり，問題行動に着目し，好ましくない行動に叱ったり罰を与えたりといった指導をするだけでなく，適切な例を示して，生徒たちのポジティブな行動を賞賛することにより，好ましい行動が増えることが示されたのです。問題行動という「失敗」を回避する方法を示し，正しい振る舞いを賞賛すると，生徒のよい行動が促進されるという，発想の転換の効果が示されました。

②子どもたちの温かな学校風土づくりを担うピア・サポートの展開

　小学校での心理教育では，一緒に遊べる子どもがいるかなど，相互の関係づくりが大きな意味をもちます。ピア・サポート(仲間支援)は，少子化や家族形態の変化により希薄化する子どもの関係づくりに有益な取り組みです。小学校では高学年児童が低学年へのサポート（入学時のお世話など）をすることで大きく成長します。これを活用し，高学年だけでなく中学年や低学年にも意図的に仲間支援のガイダンス授

業を行い，それを活かすことができるようなサポート活動の場を設けて一定期間実施したところ，子どもたちは社会的なスキル・対人面の適応感や教師の支援を認知することができ，自尊感情を高めることにつながりました（平井・西山，2020；持丸・西山，2017）。さらにピア・サポートトレーニングを実施したことで，いじめの原因となる「疎外された」「仲間外れにされた」などの感覚を認識する児童が減ったのです。

こうした内容は，学校でのポジティブな行動促進（積極的生徒指導や開発的教育相談）という新しいアプローチの例といえます。学年が上がるにつれ，仲間との関わりの重要性がさらに増すことを考えると，こうした実践を適宜学校に取り入れることも，教育心理学・学校心理学の知見が生きる領域といえます。学級担任や学年をまとめる主任，そして生徒指導や教育相談を担う担当者は，そうした課題の克服やより良い成長に役立つ手立てを子どもたちに提供することも必要になるのです。

3節　生徒指導・教育相談・キャリア支援の課題と展望

本節では，教育・学校心理学と生徒指導・教育相談・キャリア支援がどのように関わり合っているか，実践的な事例を用いて説明します。

1．生徒指導・教育相談・キャリア支援の実践上の課題

(1) 課題へのアプローチ

①不登校

不登校は学校教育において多くの子どもが出合う課題の1つとされています。1950年度に文部省（当時）が小中学校の長期欠席児童生徒の調査をはじめ，その後，「学校基本調査」に取り入れられるようになりました。不登校はもともと，「学校嫌い」・「登校拒否」といった表現でした。その後，多様な欠席の背景を踏まえ，「不登校」という状態像を示す言葉に統一されました。文部科学省の定義では，不登校は以下のように示されています。

> 何らかの心理的，情緒的，経済的，身体的，あるいは社会的要因・
> 背景により，登校しないあるいはしたくともできない状況にあるた

▲図5-4　長期欠席および不登校の分類

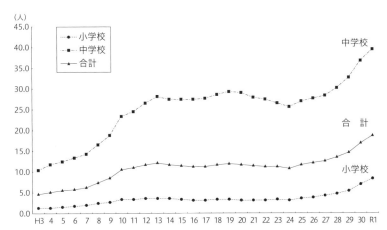

注）調査対象：国公私立小・中学校（小学校には義務教育学校前期課程，中学校には義務教育学校
　　後期課程及び中等教育学校前期課程，高等学校には中等教育学校後期課程を含む）

▲図5-5　不登校児童生徒の割合の推移（1000人当たりの不登校生徒数）（文部科学省，
　　2019c）

　めに年間 30 日以上欠席した者のうち，病気や経済的な理由による者
を除いたもの。

　不登校は，「長期欠席」として，1999 年以降，年間 30 日以上欠席
している子どもに対して用いられている分類に含まれています。文部
科学省の調査では，長期欠席を「病気」「経済的理由」「不登校」「そ
の他」と分類し，うち不登校は，「学校生活」「家庭生活」「本人の問
題」「その他」「不明」（図5-4）に分けられています。平成 3 年度か
らの不登校出現率を示した図5-5では令和元年まで徐々に増え続け，
近年は上昇率も高まっています。

　この調査が始められた早期には，不登校の状態にある子どもをどう

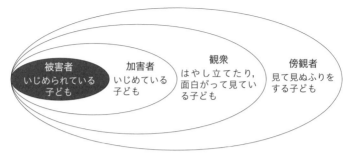

▲図 5-6　いじめの 4 層構造（森田，2010 をもとに作成）

支援するかに注目が集まっていました。しかし，学校で仲間とともに時間を過ごす中で，子どもたちは教科の学習のみならず多くの学びを得ます。理由がどうであれ，学校を長期に欠席している子どもには，そうした学びの機会を何らかの形で保証する必要がありました。そこで，「適応指導教室」「教育支援センター」といった名称で，学校に代わる不登校傾向の子どもたちの居場所が設けられました（文部科学省，1999）。あまり無理のない日程で一日の時間割を設定し，心理的な回復状況などを見極めながら，臨機応変なメニューをこなして，学校や社会への復帰をめざす場所となっています（相馬，2004）。さらに，近年では，不登校・長期欠席児童生徒には，登校状況の改善のみに焦点化するのではなく，長期的視点に立った「社会的自立」を求めることが好ましいとされています（文部科学省，2019）。このことは，不登校対応とキャリア支援が関連していることを示しています。

②いじめ

　いじめは，社会的にも認知された問題であり，オーストリア，アメリカなど多くの国で対処にかかわる研究が取り上げられ，わが国でも昭和 50 年代後半から現在に至るまで深刻な課題とされています。他者との間での不均衡な関係であり，周囲に助けを求めたり逃げたりしにくい関係の中で繰り返される攻撃である点が特徴です。いじめにおいては，被害者を中心に加害者・観衆・傍観者の 4 層構造になるといわれています（図 5-6）。また，わが国では，いじめの定義は 4 度にわたり改訂されてきました（表 5-4）。いじめの問題点として，見ず知らずの人との間ではなく，日常的に関係のある相手との間で起こることや，大人の目の届かないところで行われ，年齢が上がると表

▼表 5-4　日本におけるいじめの定義の変遷（文部科学省，2019b）

昭和61年度～	①自分より弱い者に対して一方的に，②身体的・心理的な攻撃を継続的に加え，③相手が深刻な苦痛を感じているものであって，学校としてその事実（関係児童生徒,いじめの内容等）を確認しているもの。	なお，起こった場所は学校の内外を問わないものとする。
平成6年度～	①自分より弱い者に対して一方的に，②身体的・心理的な攻撃を継続的に加え，③相手が深刻な苦痛を感じているもの。	なお，起こった場所は学校の内外を問わない。なお，個々の行為がいじめに当たるか否かの判断を表面的・形式的に行うことなく，いじめられた児童生徒の立場に立って行うこと。
平成18年度～	当該児童生徒が，一定の人間関係のある者から，心理的，物理的な攻撃を受けたことにより，精神的な苦痛を感じているもの。	なお，起こった場所は学校の内外を問わない。個々の行為が「いじめ」に当たるか否かの判断は，表面的・形式的に行うことなく，いじめられた児童生徒の立場に立って行うものとする。
平成25年度～	児童生徒に対して，当該児童生徒が在籍する学校に在籍している等当該児童生徒と一定の人的関係のある他の児童生徒が行う心理的又は物理的な影響を与える行為（インターネットを通じて行われるものも含む。）であって，当該行為の対象となった児童生徒が心身の苦痛を感じているもの。	なお，起こった場所は学校の内外を問わない。

面化しにくいいじめが増える傾向にあり，1人で悩む状況につながりやすいといえます。特に近年ではソーシャルネットワークサービス（SNS）を通じたトラブルも多くみられ，教室で表面的に関わるだけでは，早期の発見や介入は難しくなっています。

　そのため，教員が児童生徒の理解や支援の力量を磨くとともに，専門職とも連携し，前述のピア・サポートをはじめとする心理教育や社会情動面の成長を促進させられるような支援を行い，学級・学校の風土を高める必要があります。教員のキャリアステージが進み，中堅になると，学校の状況に適した心理教育を選び，管理職と連携して校内に導入することなども求められるようになります。

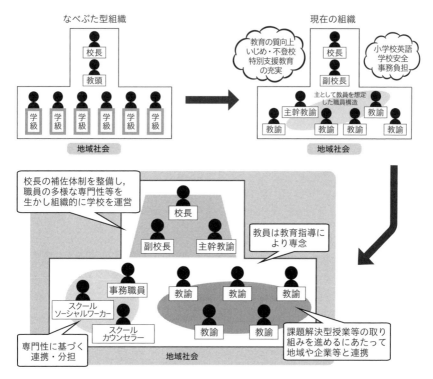

▲図5-7　チーム学校までの学校組織のプロセス（文部科学省，2018をもとに作成）

2．学校教育に関わるスタッフ

（1）これまでの学校組織

　小学校・中学校・高校の組織は，かつて「なべぶた型」といわれていました（図5-7左上）。校長先生がトップに立ち，その下に教頭先生が補佐していて，それ以外の先生は全員授業（養護教諭は保健室を担当）をするスタッフという位置づけでした。そこから現在の教員構成（図5-7右上）になりました。変更点は教務主任および主幹教諭というポストが置かれ，教育課程を最も有効に運営する専門性を発揮する立場が置かれた点です。しかし，社会全体でいわれている働き方改革や，不登校の増加といった多様な課題に対して，専門性のある教育活動を推進することに困難な状況がみられました。そうした背景から，SCやSSWも学校の一員と位置づけ協働を促進させる「チーム学校」

の発想が生まれました。

（2）学校に関わる教育職

　学校には多くの教職員が在籍しています。生徒指導・教育相談・キャリア教育およびガイダンスは，誰によって行われるのか，次の例で考えてみましょう。

①進路ガイダンスと個別指導

　皆さんも進路指導を学年全体などで受けたことがあるのではないでしょうか。その一方で，全体指導を行うと，一部の生徒から「自分の進路は大学進学ではなく，就職です」とか「私は転居のため県外の公立高校を受験します」などの特別なケースが見つかります。そのケースには，特に早急に個別対応を補足する必要があります。課題の内容や場合によっては，その特別な事情に合った専門家の協力を得る必要があるかもしれません。

②課題が深刻なケースの支援への接続

　学級担任は担当するすべての子どもの支援で，まず最前線に立ちます。学年主任や養護教諭，および SC，SSW などが，学級担任に助言したり，連携したりすることで支援を進めます。しかしそこでより深刻な課題がみられた場合，適切な専門家が集まり，チームで援助に取り組む必要があるとされています（文科省，2009；瀬戸・石隈，2003）。さらに，障害のある子どもや外国籍の子どもにとっては，相談も特別な教育的ニーズに関わることが多いため，協働で行われるのです。これらを調整し適切に運営することにも，教育相談をマネジメントする専門的力量が求められます。

　上述の例で明らかなことは，まず学級担任が課題の把握などを行うということです。日本では，生徒指導・教育相談・キャリア支援およびガイダンスは，まず学級担任がクラス全体を対象に実施するか，場合によっては学年としてガイダンスが行われます。予防教育や進路指導がその例です。そして問題に対しては表5-5に示すとおり，援助の専門職といわれる SC・SSW の支援に至る前に，学級担任が教育援助を行い，その課題の深刻さや特殊性に基づいて，徐々に専門性をもつスタッフが加わっていくのです。ライセンスに基づいて，各役割を分業して行うアメリカの場合であれば，学級担任という分担は小学校に

▼表 5-5　学校に置かれる主な職の職務　多様な専門人材・地域人材（文部科学省，2009 等をもとに作成）

職名	職務規定	主な職務内容	支援に関する役割例
校長	校務をつかさどり，所属職員を監督する	・校務の掌理 ・職員の監督	・児童生徒支援の役割の任命 ・教育援助の全体計画への反映
副校長	校長を助け，命を受けて校務をつかさどる	・校長の補佐 ・校長等の命を受けた校務の掌理	・児童生徒支援の役割の校内体制における指導 ・教育援助の内容の確認
教頭	校長（副校長）を助け，校務を整理し，及び必要に応じ児童生徒の教育をつかさどる	・校長等の補佐	・児童生徒支援の各役割の活動に対する個別の助言 ・教育援助の計画立案や役割分担の段階での指導
主幹教諭	校長（副校長）及び教頭を助け，命を受けて校務の一部を整理し，並びに児童生徒の教育をつかさどる	・校長等の補佐 ・校長等の命を受けた校務の一部の整理 ・児童生徒の教育	・児童生徒支援の推進役に対する示範や具体的内容の相談 ・教育援助の計画立案や役割分担の段階での援助 ・各推進役の活動の補助
指導教諭	児童生徒の教育をつかさどり，並びに教諭その他の職員に対して，教育指導の改善及び充実のために必要な指導及び助言を行う	・児童生徒の教育 ・他の教諭等への教育指導の改善及び充実のための指導助言	・学級担任（主に初任・若年層教員）の生徒指導・教育相談の指導 ・学級担任の連携に対する指導助言
教諭	児童生徒の教育をつかさどる	・児童生徒の教育	・定例教育相談 ・日常的生活指導・相談 ・規範行動の向上
養護教諭	児童生徒の養護をつかさどる	・保健管理 ・保健教育 ・健康相談 ・保健室経営	・身体の健康面の支援 ・心の不調の身体化への対応
スクールカウンセラー	児童生徒の臨床心理に関して，高度に専門的な知識及び経験を有し，児童生徒の心のケアに当たる専門家	・児童生徒のカウンセリング ・教職員に対する助言・援助 ・保護者に対する助言・援助	・児童生徒の相談・助言 ・保護者や教職員の相談 ・校内会議等への参加 ・教職員や児童生徒への研修や講話 ・心理的な見立て・対応 ・ストレスマネジメント等の予防的対応 ・緊急対応における被害児童生徒の心のケア

スクールソーシャルワーカー	社会福祉分野等の専門的な知識・技術を用いて，問題を抱える児童生徒等への支援を行う専門家	・家庭の問題など環境面からの児童生徒理解 ・学校内のチーム体制の構築 ・関係機関等との連携 ・教育と福祉の両面に関して，専門的な知識・技術を有するとともに，過去に教育や福祉の分野において，活動経験の実績等がある者	・問題を抱える児童生徒が置かれた環境への働きかけ ・関係機関等とのネットワーク構築，連携・調整 ・学校内におけるチーム体制の構築，支援 ・保護者，教職員等に対する支援相談・情報提供 ・教職員等への研修活動
特別支援教育支援員	小・中学校での生活で障害のある児童生徒への支援や，発達障害の児童生徒の学習への支援等を行う職員	・学校での障害のある児童生徒の食事，排泄，教室移動補助 ・発達障害の児童生徒の学習指導上のサポート	・障害のある児童生徒およびその保護者の援助ニーズの把握および校内の担当者への連携 ・障害のある児童生徒の障害特性による困難さの理解の補助
外国人児童生徒支援員	外国人児童生徒が学校生活に適応できるよう，本人及び保護者の支援を行う職員	・日本語指導 ・教科指導における補助 ・児童生徒・保護者の教育相談への対応 ・教材・学校便り等の翻訳	・外国籍等の児童生徒およびその保護者の援助ニーズの把握および校内の担当者への連携 ・外国籍等の児童生徒の文化差等による困難さの理解の補助

▼表5-6　包括的スクールカウンセリングの概要（ASCA，2018：試訳）

スクールカウンセリング・プログラム

カウンセリング（個別相談），コンサルテーション（方針検討の協議），コラボレーション（連携・協働），コーディネーション（調整），ケースマネジメント（事例検討方針），ガイダンス・カリキュラム（心理教育実施課程），そしてプログラム（適応支援の全体計画）評価からなる。

ガイダンス・カリキュラムの特徴（Shmidt，2014）

グループ・ガイダンスは教授的（instructive），情報提供的（informational）である。（グループ・カウンセリングでは，日常生活における認知面（cognitive），感情・情緒面（affective），行動面（behavioral）における積極的変容の促進を目指す）。

・生徒の発達段階・時系列に応じて，情報や知識，様々なスキルが生徒の学業や進路そして社会情動的発達のために用意される。
・ガイダンスは生徒の大きな集団で行われる。カウンセラーは，時間の効果的な利用という観点からも，あらゆる場や機会を生かして，まずは大きな集団に向けた情報発信を行う。
・目標と計画に基づき行われるガイダンス・カウンセリングの教授は，授業時間または授業前・授業間に教科の教師やカウンセラーにより行われる。
・カウンセラーは，所属の学校で特に必要とされる問題について，特別なガイダンス単元（のまとまり）を用意する。
・カウンセラーは，ガイダンス・カウンセリングカリキュラムの一部を実施する際には，教科の教師や学校区の住民と組んで実施することができる。

限られており中等教育以上では担当のSCに委任されることになります。

（3）学校に関わる援助職および関連職種
①生徒指導を担うスタッフ

中学校・高等学校には「生徒指導主事」といった名称で，生徒指導担当教員が校長から任命され，専任担当者が配置されている学校もあります。その担当者の統括のもと，学級担任を中心とした日常的な指導により，規範意識を高め，規範行動を促進させるような指導・援助を受けます。登校時・授業前後の挨拶，自己の言動や生活態度の向上のための示唆など，多くの生徒に向けたはたらきかけが，生徒指導の取り組みの例とされています（国立教育政策研究所，2015）。

②教育相談を担うスタッフ

一方で，暴力行為・いじめ・長期欠席（不登校）・自死などは「生徒指導上の問題」とされています（文部科学省，2018）。より個別的な対応や，予防に向けての全体への指導について，こうした課題には組織で対応することが求められます。しかしながら，わが国においては，学校教育全体に位置づけられるような心理教育を継続的・段階的に導入した例はあまり多くありません。

専門職による分業が行われているアメリカの例と比較してみましょう。キャリア発達の促進を柱としたアメリカの「包括的スクールカウンセリング」では，学業面・心理情動面・キャリア面の発達を統合的に推進されています（表5-6）。アメリカのSCは，日本の学級担任の役割を学習面・心理社会面・キャリア面から担う専門職と位置づけられます。わが国のSCは，「心のケア」を中心として心理教育などにかかわります。学級担任や他の教員にキャリア支援が期待される所以です。

3. 生徒指導・教育相談・キャリア支援の実践上の今後に向けた提案

（1）各学校におけるコーディネーター役の必要性

日本の学校の授業を担う一般の教員と，教育専門職との比率を示す図をみてみましょう（図5-8）。アメリカ・イギリスとの間での大きな差は，教員以外の専門スタッフの人数の少なさです。このことをよ

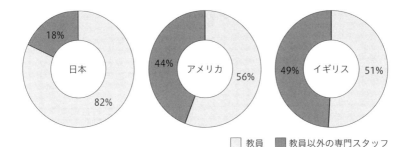

注1）日本は小・中学校に関するデータ
注2）日本における専門スタッフとは，養護教諭，養護助教諭，栄養教諭，事務職員，学校栄養職員，
　　学校図書館事務員，養護職員，学校給食調理従事員，用務員，警備員等を指す
注3）アメリカにおける専門スタッフとは，ソーシャルワーカー，医療言語聴覚士，就職支援員等
　　を指す
注4）イギリスにおける専門スタッフとは，司書，メンター，医療及び看護職員等を指す

▲図5-8　チーム学校の背景となる状況：専門スタッフの割合の国際比較（文部科学省，2015）

い状態に向かわせるためにも，前述（図5-7下）に示す「チーム学校」という方針が示されました。専門性に基づく連携や分担ができるスタッフを学校に配置するのです。

　その一方で，アメリカなどにはない日本の学校教育のよさは，教員が教育相談・キャリア教育・児童生徒の学びの充実に向け，「トータルな」視点でみる役割を担っていることです。それがすべての児童生徒にしっかりと行き届くためには，さまざまな個性もある各学級担任や中等教育においては教科担任にまで子どもの支援に関する考え方を共有することができる専門性のあるリーダーが求められます。その意味で，教育相談の充実に向け，文部科学省（2017）は「教育相談コーディネーター」の必要性について強調しています。

　学校教育において，生徒指導・教育相談・キャリア教育を適切に推進するためには，全体を運営する役割とともに，個々の児童生徒がもつ課題に対して，ていねいに対応する必要性があります。コーディネーターは，対応が必要な事象に対して，本人が対応するだけでなく，周囲の援助資源をどのように取り合わせて活用するかを考えるファシリテーター（進行役・推進者）の役割を担います。その子どもの課題を的確にとらえ，支援がどうなっているかを把握して，必要な支援の担い手とその子どもをつなぐのが，コーディネーターの役割なのです。

（2）専門性の確立と力量－学校教育の中での３つのＣ

　教育相談・生徒指導・キャリア教育を推進する力量とは何なのでしょうか。カウンセリング，コンサルテーション，コーディネーションという大きな枠組みと，その中で活かされる資源活用力・実態把握力・介入推進力があるとされています。

　　カウンセリング：その子どもや保護者の話にしっかりと耳を傾け，多
　　　様な資源を活用しつつ，その対象にしっかりと寄り添う
　　コンサルテーション：さまざまな側面から実態を把握し，支援の方針
　　　を立てたり，その人に必要な対応を関係者で協議したりする
　　コーディネーション：的確な見立てのもとに，その対象に有効な支援
　　　方針を立て，直接的な介入（直接の援助）や役割分担を的確に行う

　こうした役割の担い手は，校内で学級担任としての経験を得た教員のうち，教育現場における援助についての概念を理解した人材があてられることが好ましいでしょう。わが国では，この役割の養成が生徒指導・教育相談・キャリア支援をガイダンスの視点から束ねる中核的存在として，急務の課題であるといえます。

スクールソーシャルワーカーの仕事

「ここなら話そうって思えた」「私の話を聞いても，怒らない大人っているんだ」。これは相談室に来たＡ子が話していたことです。Ａ子は学校生活では特に問題はなく，教師の中でも「頑張っている」と評判のよい子でした。しかし実際は，家に帰ると精神疾患の母親がおり，体調が悪いときは一日中寝ているため，１人で家事や下の子の面倒をみていました。また父親は仕事から帰り，Ａ子がきちんと家事をしていないと暴力を振るうため，Ａ子はいつも父親の顔色をうかがっていました。「家に帰るのは嫌。でもスクールソーシャルワーカーに話したことを両親に知られたくない」。筆者は秘密を守ることを伝え，担任に了解を得て，定期的にＡ子と話をしました。「本当はお母さんに元気になってほしい」「私がいないと，下の子はどうなるんだろう」「お父さんが叩くのをやめてほしい」。来談を重ねるうちに自分の思いを話すようになったため，児童相談所という相談機関の存在を伝えました。そして後日，Ａ子から要望があり，Ａ子と筆者，児童相談所の担当者で面談を行いました。児童相談所の役割，仕組み，一時保護所の説明等を聞き，緊急時の動きも確認しました。面談が終わった後，Ａ子が「話を聞いてよかった」と安心した表情だったことが印象的でした。その後，筆者は，学校，児童相談所，子育て支援課，保健師，下の子が通う保育園，主任児童委員とケース会議を行い，情報共有と今後の支援の方向性，役割分担について確認しました。

現在，筆者はある学校で，休み時間に相談室を開放し，校内に子どもたちの居場所づくりを行っています。筆者がこれまで出会った子どもたちの中には，休み時間はいつも保健室へ行って１人で過ごしたり，遊ぶ友達がおらず校内を徘徊してトラブルを起こしたり，周囲に気を使って自分の思いを表出できなかったりと，心が満たされていない状況が多くみられました。そのため，自己肯定感が低下し，無気力になったり，不適応行動を起こしたりすることもありました。そこで，学校の中に居場所をつくることで，子どもたちが安心して過ごせる安全な居場所や時間，人を確保することができ，見落としがちだった彼らの気持ちに寄り添うことができると思いました。そして，子どもたちの思いや求めているものを学校や関係機関，地域へ発信し，共有することが大切だと実感しています。

また，ある学校では月に一度，中学校区の各学校，教育委員会，スクールカウンセラー，スクールソーシャルワーカーが集まり，子どもたちの現状を共有し，どう支援していくかを考える会議を定期的に行っています。そこでは，小・中学校が連携し継続的に支援を行うことを目的に，小・中

学校が共通して使用できるアセスメントシートを作成して，情報共有や引き継ぎをスムーズに行えるように取り組んでいます。また，どこにどのような関係機関があり，どういう相談ができるのか，教師が活用できるような社会資源マップの作成も行っています。

　また，ある自治体では役場や社会福祉協議会，保健センター，自治会等に発信していくことで，子どもたちのためにできることとして，子ども食堂の立ち上げに取り組んでいます。このように発信，共有していくことで，それぞれの立場の専門性を活かした支援へとつながると思います。

　学校は一日の多くの時間を過ごす場所でもあり，子どもたちの SOS にいち早く気づくことができるところです。目に見える情報だけではなく，普段の会話等，目に見えないところにも SOS のサインが隠れていることがあります。日頃からいろいろな人たちの目で子どもたちの様子を観察し，情報交換，情報共有していくことが，問題の未然防止，早期発見，早期対応につながると思います。

　スクールソーシャルワーカーは課題を抱えた子どもたちの置かれている環境に着目します。そして，安全で安心な環境で教育を受けられるように，学校，関係機関，地域のつなぎ役となり，連携して支援ができるように調整する福祉の専門職です。よくスクールカウンセラーとの違いをきかれますが，連携して支援することも多々あります。ある学校では中 1 ギャップ対策として，スクールカウンセラーが小学 6 年生を対象に，こころのアンケートをとり，それに基づいて 6 年生全員と面談を行っています。そして，その内容を小・中学校担当者・スクールカウンセラー・スクールソーシャルワーカーの間で共有して役割分担をしたり，連携して支援を行ったりと，中学校へ行っても安心して登校できるような環境づくりを行っています。

　筆者は支援をする際，子どもたちが安全で安心な環境の中で，自分の力で物事や人生を選択するにはどうしたらよいかを意識しています。しかし，うまく支援につながらなかった事例もあり，悩むことがあります。そのときは，子どもたちの思いを大切にし，その子自身や学校，関係機関，地域の強みを活かした支援を行うことを心がけています。これからも，子どもたちの思いを形にした支援の実現を目指し，子どもたちの声を聞いていきたいと思います。

第6章

特別支援教育

活かせる分野

1節　教育・学校心理学と特別支援教育との関連

　障害がある子どもたちを対象とする特別支援教育は，平成19年度に制度化されました。第1節では，特別支援教育の概要を，学校心理学の基本的な考え方とあわせて紹介します。

1．特別支援教育と学校心理学

(1) 特別支援教育とは

　特別支援教育は，「障害のある幼児児童生徒の自立や社会参加に向けた主体的な取組を支援するという視点に立ち，幼児児童生徒一人ひとりの教育的ニーズを把握し，その持てる力を高め，生活や学習上の困難を改善又は克服するため，適切な指導及び必要な支援を行うもの」です（文部科学省，2007a）。平成19年度に制度化され，特別支援教育は通常の学級を含め学校全体で実施されることになりました。

　発達障害など多様なニーズのある子どもたちは少なからず通常の学級に在籍しています（図6-1）。これらの子どもたちに対応することが難しかった従来の特殊教育の仕組みを変えたのが特別支援教育です。特別支援教育は，障害がある子どもたちが在籍するすべての学校において，一人ひとりの子どものニーズに応じた適切な支援を行うことをめざした教育制度なのです。

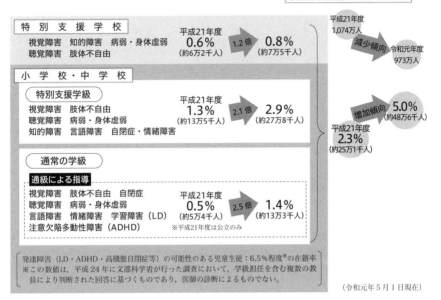

▲図 6-1　特別支援教育の概念図（義務教育段階）（文部科学省，2020）

（2）特別支援教育に関わる学校心理学の基本的な考え方

　学校心理学では，学校教育をヒューマンサービスととらえています。ヒューマンサービスとは，「一人ひとりの人間の well-being（幸福，自己実現）を保護したり促進することを目指した活動」です（石隈，1999）。「自分を理解し，人と関わ」りながら，「好きなことやできることを伸ばしながら生き方を選」ぶ。学校心理学の視点からいえば，学校教育は一人ひとりの子どもが自分らしく生きることを支える活動なのです。このような考え方は，障害がある子どもたちの自立や社会参加に向けた主体的な取り組みを支援する特別支援教育の目的とも重なります。

　子どもたちの well-being を保護・促進するための活動を，学校心理学では「心理教育的援助サービス」とよんでいます。教育場面における子どもとの関わりには，知識や能力を子どもに教える指導的側面と，子どもが直面するさまざまな問題解決を応援する援助的側面があると考えているからです。「心理教育的援助サービス」という言葉は，

心理学を基盤としながら学校教育を通じて子どものニーズに応えていくことを意味しています。また、「サービス」という言葉は、一人ひとりの子どもの実態を踏まえ、個々のニーズに応じる専門的な活動を指しています。

2. 特別支援教育の対象となる子どもへの心理教育的援助サービス

特別支援教育では、視覚障害、聴覚障害、知的障害、肢体不自由、病弱・身体虚弱、言語障害、自閉症・情緒障害、学習障害（LD）、注意欠陥多動性障害（ADHD）、高機能自閉症などの障害がある子どもを対象としています。一方、学校心理学では、すべての子どもを援助の対象としています。障害の有無に関わらず、すべての子どもにニーズがあると考えているからです。では、障害がある子どもを対象とする特別支援教育は、学校心理学ではどのような位置づけになるのでしょうか。

学校心理学では、子どもの援助ニーズの大きさに応じて、子どもたちへの心理教育的援助サービスを、すべての子どもを対象とする一次的援助サービス、一部の子どもを対象とする二次的援助サービス、特定の子どもを対象とする三次的援助サービスの3段階に分けてとらえています（図6-2）。障害がある子どもへの心理教育的援助サービ

▲図6-2　3段階の心理教育的援助サービス, その対象, および問題の例(石隈, 1999)

スは，三次的援助サービスにあたります。

　三次的援助サービスでは，子どものもつ強さや周囲の援助資源を活用しながら，子どもが発達上および教育上の課題に取り組み，さまざまな問題に対処しながら学校生活を送れるよう援助することを目的としています（石隈，1999）。障害がある子どもへの教育というと，障害がある苦手な部分を改善したり克服したりすることに焦点が当てられがちになりますが，子どもの得意を活かして苦手を補う視点も重要なのです。

3．特別支援教育の教育機関と4種類のヘルパー

(1) 特別支援教育の教育機関

　子どもの障害の程度やニーズは多様であることから，さまざまな教育機関が整備されています。以下，障害がある子どもたちを対象にしている教育機関を概観します。

　「特別支援学校」は，障害の程度が比較的重い子どもを対象とする学校です。幼稚部・小学部・中学部・高等部といった学部があり，専門性の高い教育を幼稚部から高等部まで一貫して受けることができる特徴があります（文部科学省，2007b）。しかし，居住する地域から離れた特別支援学校に通う場合には，地域とのつながりがもちにくくなるといった課題もあります。

　「特別支援学級」は，小学校や中学校の中にある学級で，障害の程度が比較的軽い子どもを対象としています。障害種別の少人数学級で，一人ひとりに応じた教育を行っています（文部科学省，2007b）。地域の小中学校の中に設置されているので，学習内容に応じて通常の学級で活動するなど同年齢の子どもたちとのつながり，地域とのつながりを保ちやすい特徴があります。

　「通級による指導」は，通常の学級に在籍している障害の軽い子どもを対象としています。ほとんどの授業を通常の学級で受けながら，障害の状態に応じた指導を受けるために通級指導教室に通級します（文部科学省，2007b）。このように，通級による指導には，通常の学級に在籍しつつピンポイントでニーズに応じた特別な指導を受けることができる特徴があります。しかし，すべての小中学校に通級指導教室があるわけではありません。子どもが在籍する学校に通級指導教室

がない場合には，通級による指導を受けるために在籍校から通級指導教室がある学校まで移動しなければならないといった課題もあります。

　通常の学級には，発達障害の可能性のある児童生徒が6.5パーセント程度在籍しているといわれています（文部科学省，2020）。これらの子どもたちへ適切に対応するために，通常の学級においても指導の工夫や教室環境の整備といったさまざまな配慮が行われています。また，特別支援教育支援員を配置し，日常生活面の介助や学習面のサポートを行っています。このように，特別支援教育は，通常の学級においても行われているのです。

（2）学校心理学からみた援助の担い手：4種類のヘルパー

　以上のように，子どもたちの多様なニーズに応じるために，さまざまな教育機関が整備されています。しかし，子どもたちへの支援は，学校だけで行われているわけではありません。子どもに関わるさまざまな人たちが子どもの支援に携わっており，子どもを面で支えています。学校心理学では心理教育的援助サービスの担い手を4種類に分けてとらえています（石隈, 1999）。専門的ヘルパー，役割的ヘルパー，複合的ヘルパー，ボランティア的ヘルパーです（図6-3）。

　専門的ヘルパーは，心理教育的援助サービスについての専門性をもち，専門的な援助を提供する援助のプロフェッショナルです。学校心理学をはじめとする心理学的知識を基盤として子どもの実態を見極め，援助計画案を作成し，関係者と協力しながら子どもへの援助を提供し展開する機能を担います。特別支援教育の現場では，特別支援教育コーディネーターや巡回相談員，教育センターの相談員といったスタッフに専門的ヘルパーとしての機能が期待されています。

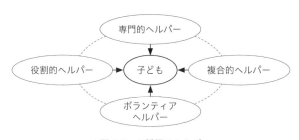

▲図6-3　4種類のヘルパー

役割的ヘルパーは，職業としてではないものの，役割の1つとして心理教育的援助を行う者のことです。保護者は，子どもとともに生活をしながら子どもを育てていきます。子どもの養育の責任者であると同時に，他のスタッフとともに子どもの援助について検討する際には，子どもの代弁者としての機能も果たします。保護者は，役割的ヘルパーとして重要な機能を担っています。

　複合的ヘルパーは，職業として担う多様な役割の一側面として心理教育的援助サービスを行うスタッフのことです。教師は，学校教育において学習指導や生活指導など子どもへのさまざまな指導・援助を行っています。そして，これらは子どもが自分らしく生きていくことを応援しているという点で，心理教育的援助サービスとしても機能していると考えることができます。教師には，複合的ヘルパーとしての機能が期待されているのです。

　ボランティア的ヘルパーは，職業上の機能や特定の役割としての関わりが期待されていない者で，自発的に子どもの援助に携わる者のことです。障害がある子どもたちの周囲にも，支えてくれる友人や地域の人々が存在しています。これらの人たちがボランティア的ヘルパーにあたります。

　このように，子どもの周囲には多くの教育機関，援助者が存在しており，子どものサポーターとしてさまざまな援助・関わりを展開しています。どんなに専門性が高い機関や人であっても，1つの機関，1人の援助者だけでは，子どものニーズを満たしていくことはできません。さまざまな教育機関，複数のヘルパーを組み合わせて協力することにより，子ども一人ひとりの多様なニーズに適切に応じる体制を整えることができるのです。

2節　教育・学校心理学の特別支援教育への貢献

　特別支援教育では，多様な子どものニーズに応じた教育を実現するために，さまざまな仕組みをつくっています。2節では，これらの仕組みについて学校心理学との関連を含めて紹介します。

1. 個別の教育支援計画と学校心理学

(1) 個別の教育支援計画とは

　障害がある子どもたちが障害を改善・克服しつつ，もてる力を十分に発揮して社会に適応していくためには，将来を見通した長期的な視点をもちながら，実態に応じた適切な教育を乳幼児期から卒業後に至るまで継続的に展開することが欠かせません。「個別の教育支援計画」は，一人ひとりの子どもの実態を把握し，どのような支援が必要か，またそれらの支援をいつ，どこで，誰が提供するかを明確にした計画書です。

　「個別の教育支援計画」を作成するプロセスには，Plan（計画），Do（実行），See（評価）の3段階があります。長野県教育委員会（2008）は，この3段階をさらに詳細なプロセスにして以下のように説明しています（図6-4）。Plan（計画）の段階では，まず実態やニーズを把握すること，次に実態に応じた目標を設定すること，最後に具体的な支援内容・支援者・支援機関を明確化することが必要です。Do（実行）段階では計画に基づき支援を実施し，See（評価）段階では実施した結果をもとに支援目標と支援内容が適切だったかを評価します。評価結果は，次の支援目標と支援内容を改善するための資料となります。「個別の教育支援計画」は，これらのプロセスを円環的に繰り返すことで，子どもの実態に応じた支援を可能にしようとする仕組みです。

　子どもが必要とする支援は，学校だけで提供できるとは限りません。医療，福祉，労働機関などさまざまな機関が提供する支援を組み合わせることによって，はじめて子どものニーズに応じることが可能になることもあるのです。「個別の教育支援計画」は，保護者と相談しながら学校が作成するものですが，作成にあたっては関連機関との連携が欠かせません。また，「個別の教育支援計画」は，進級や進学により支援スタッフや支援体制が変わっても，子どもの実態や目標に関する理解を共有し一貫した支援が提供できるようにすることをめざしたシステムでもあります。

```
┌─────────────────────────────────────────────────────┐
│ Plan（計画）                                          │
│ 1 実態・ニーズの把握〈STEP1〉                          │
│   (1) 基本的な児童生徒の実態を把握する。              │
│   (2) 本人・保護者の願いや悩みを把握する。            │
│ 2 実態に応じた支援目標の設定〈STEP2〉                 │
│   (1) 将来像を設定する。                              │
│   (2) 必要とされる教育的支援目標を設定する。          │
│ 3 具体的な支援内容・支援者・支援機関の明確化〈STEP3〉 │
│   (1) 生活全般にわたり，具体的な支援者，支援機関を定める。│
└─────────────────────────────────────────────────────┘
                        │
                        ▼
┌─────────────────────────────────────────────────────┐
│ Do（実行）                                            │
│ 4 「個別の教育支援計画」に基づいた，生活全般にわたる支援の実施 │
│   〈STEP4〉                                           │
│   (1) 学校における教育活動の実施                      │
│     ・「個別の指導計画」を作成し，それに基づいた指導を行う。│
│   (2) 家庭生活・地域生活に対する支援                  │
│   (3) 関連諸機関との連携                              │
│     ・ニーズに応じた医療・福祉・労働等との連携を図る。│
│     ・情報やサービスを，本人及び保護者に提供する。    │
└─────────────────────────────────────────────────────┘
                        │
                        ▼
┌─────────────────────────────────────────────────────┐
│ See（評価）                                           │
│ 5 支援目標と支援内容の評価と改善                      │
│   (1) 教育的支援の目標設定及び支援内容は適切だったか評価する。│
│   (2) 支援機関との連携は円滑であったか評価する。      │
│   (3) 支援目標，支援内容の改善                        │
│     ・うまく機能していない場合，必要がなくなった支援について │
│       は異なる支援方法の検討                          │
│     ・新たに必要な支援目標・内容について検討          │
│   (4) 評価時期の検討                                  │
└─────────────────────────────────────────────────────┘
```

▲図 6-4　個別の教育支援計画の作成プロセス（長野県教育委員会，2008）

（2）心理教育的アセスメント
①心理教育的アセスメントとは

　「個別の教育支援計画」のプロセスに示されているように，子どものニーズに応じた支援を行うには，子どもの実態を的確に把握することが欠かせません。学校心理学では，これを「心理教育的アセスメント」として位置づけています。

　心理教育的アセスメントは，対象となる子どもが課題に取り組む際に直面する問題状況について，①情報を収集し，②収集した情報を分析，意味づけ，統合し，③心理教育的援助サービスの方針や計画を立てるための資料を提供するプロセスのことです（石隈，1999）。心理

教育的アセスメントを実施することで，「今，なぜこの子どもにこの援助を行うのか」，計画した援助の根拠を説明することが可能になります。また，心理教育的アセスメントの結果作成された資料は，子どもの援助に携わる保護者や関係者と共有して議論することにより，多様な視点から見立てや計画を見直すことにもつながります。

②どのような情報を収集するのか？

心理教育的アセスメントでは，子どもに関する情報のほか，環境に関する情報，援助者に関する情報を収集します。

子どもに関する情報では，子どもがつまずいている部分，すなわち援助の必要性が生じている部分の情報を収集すると同時に，子どもの得意な部分に関する情報も収集します。実際に援助を展開する際には，子どもの得意な部分やものを活用することが有効なので，これらは貴重な情報になるのです。

環境に関する情報では，人的環境，物的環境についての情報を収集します。子どもの周囲には，援助的な機能を果たしている人や物，場所があるはずです。また，折り合いがよくない人や物，場所が存在しているかもしれません。これらの情報も，子どもに適切な援助をするための環境づくりに大いに役立ちます。

援助者に関する情報では，援助者自身の援助力や価値観などについて確認します。自分が担うことができる援助の範囲を明確にするとともに，自分の考え方の偏りを知っておくことで，他の援助者との役割分担や共通理解の基盤とすることができます。

③どのような方法で情報を収集するのか？

情報収集の方法は，聞き取り，観察，検査の3つに大別することができます。

聞き取りは，子ども本人，保護者や担任など子どもと関わる人から子どもに関する情報を教えてもらうことです（今田，2004）。障害がある子どもの場合，自らの状況や周囲の状況を言語化して伝えることが難しい場合も少なくありません。子どもの身近にいる人々は，直接子どもと関わることで得られた情報を提供してくれる存在となり得ます。しかし，聞き取りで得られた情報には，情報提供者それぞれの価値観や考え方が含まれていることも忘れてはなりません。

観察は，子どもの行動を自然な状況や実験的な状況のもとで観察，

記録，分析して情報を得ることです（中澤ら，1997）。対象者に対する要求が少ないので，障害の程度や実態にかかわらず情報を収集することができます。観察者を複数にすることで，さまざまな場面の情報を一度に収集することもできます。これらの特徴から，行動観察は比較的容易に情報収集が可能な方法と考えられています。しかし，観察方法の選択やデータ収集には留意すべき点もあるため，注意が必要です。

　子どもの能力，心理的特徴を測定するために標準化された検査からは，対象の子どもが同年齢の他の子どもと比較しどのような状態にあるのか（個人間差），また1人の子どもの複数の能力を比較し強い部分や弱い部分がどこなのか（個人内差）を知ることができます。障害がある子どもの情報収集では，知能検査や発達検査，学力検査，社会適応に関わる検査，感覚や知覚に関する検査などがよく使用されています。検査は，客観的に子どもの実態を知ることができる便利なツールですが，検査の実施や結果の分析にはトレーニングが必要です。また，検査結果が数値で示される場合には，数字だけで単純に理解したり比較したりしてしまうことがないよう注意する必要があります。どんな検査も，単独で子どもの実態を適切に把握することはできません。子どもの生活の様子の聞き取りや行動観察など他の情報と照らし合わせて活用することが重要です。

2．特別支援教育コーディネーターと学校心理学

　障害がある子どもの多様なニーズに応じるには，学校のスタッフが連携するだけでなく，保護者をはじめ医療・福祉・労働など関連機関が連携し，「個別の教育支援計画」でその役割分担を明確にしつつ子どもへの支援を展開する必要があります。このように，障害がある子どもの支援には，学校内外の多くのスタッフが関わることになります。異なる専門性を有するスタッフが連携し合うことは大変心強いことではありますが，支援に携わるチームやメンバーが多くなればなるほど連携は難しくなっていきます。そこで，メンバーを束ね，チームがよりよく機能するための仕組みが必要となります。

(1) 特別支援教育コーディネーターとは

複数のチームやメンバー間の情報の交通整理をする役割を担うのが特別支援教育コーディネーターです。特別支援教育コーディネーターは，保護者や関係機関に対する学校の窓口，あるいは連絡調整役となり，子どもの支援に携わるチームやメンバーの要となる存在です。

幼稚園や小学校，中学校，高等学校，特別支援学校では，1名あるいは複数名の特別支援教育コーディネーターが校務分掌として位置づけられています。つまり，特別支援教育コーディネーターは，学校長が所属する教員の中から適切な人材を選び，指名することにより決定されているのです。特別支援教育コーディネーターには，その役割の性質からか，特別支援学級の担任や養護教諭，教頭が指名される傾向があるようです。

特別支援教育コーディネーターには，関連機関や保護者の窓口，連絡調整のほかにも，校内で支援が必要な子どもへの気づきを促し支援につなげるための校内体制づくりや担任への支援などの役割を担うことが期待されています。

(2) 援助チーム・コンサルテーション・コーディネーション

特別支援教育コーディネーターには，学校内外関係者の窓口・調整役となり，特別支援教育の体制を整備することが求められています。このような役割と関連がある学校心理学の枠組みに，「援助チーム」と「コンサルテーション」「コーディネーション」があります。

①援助チームとは

学校心理学では，複数のメンバーで援助を行うことを「チーム援助」，チーム自体を「援助チーム」とよんでいます。援助チームが機能を発揮するためには，援助チームの特徴や構造を理解し，チームの動きを把握することが重要です。

「援助チーム」には，2つの特徴があります。1つは，メンバーがそれぞれ異なる役割や専門性をもっているということです。教師とスクールカウンセラーやスクールソーシャルワーカーは異なる専門性をもっています。また，同じ教師であっても，担任と学年主任，特別支援教育コーディネーターでは役割が異なります。このように，チームのメンバーには，1人として同じスタンスの人はいないのです。だ

からこそ，チームのメンバーは対等であると学校心理学では考えます。2つめの特徴は，メンバーを弾力的に編成できるということです。言い換えれば，必要に応じて招集するメンバーを選ぶことができるということです。学校内の組織の多くは，年度はじめに決められたメンバーで構成されています。年度途中でメンバーが変更することはなく，固定的なメンバー構成といえるでしょう。しかし，子どもの支援に関わる援助チームでは，扱う問題や援助の進み具合によって，招集すべきメンバーが変わることがあります。弾力的なメンバー構成は，チーム援助を効率的に展開するうえで重要な特徴です。

②援助チームの構造

　学校心理学では，援助チームを以下の3つのタイプでとらえています（図6-5）。まず，保護者・教師・コーディネーターをメンバーとする「コア援助チーム」です。最も小さな単位の援助チームで，ここから大きく展開する援助チームの核となるチームです。次に，子どもが在籍する校内の援助資源をメンバーとする「拡大援助チーム」です。校内の援助資源とは，校内で子どもの支援に携わるメンバーのことです。最後に，学校外の関連機関などさまざまな援助資源もメンバーに加える「ネットワーク型援助チーム」です。

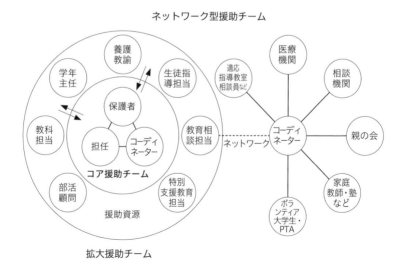

▲図6-5　援助チームの3つのタイプ（石隈ら，2005を一部改変）

チームで援助を展開するには，このようなチームの構造を理解しな
がら，必要に応じてチームを大きくしたり小さくしたりしながら情報
を共有し，共通理解を図っていくことが重要なのです。

③コンサルテーション

　障害がある子どものために効果的なチーム援助を展開するには，障
害に関する知識をもちながら個々の子どもが抱える問題状況の解決を
進めると同時に，この問題解決の一つひとつのプロセスをどのような
メンバーで行ったらよいかを判断することが求められます。

　問題状況の解決を進める際には，問題解決型コンサルテーションの
モデル（石隈, 1999）が参考になります。コンサルテーションは，「異
なる専門性を持つ複数の者が，援助の対象の問題状況について検討し，
よりよい援助のあり方について話し合うプロセス(作戦会議)」です(石
隈，2004)。コンサルテーションでは，子どもの援助について問題を
抱えている人をコンサルティ，ともに考える人をコンサルタントとよ
びますが，問題解決型コンサルテーションは，コンサルティが抱える
問題を解決するためのコンサルテーションのモデルです。

　問題解決型コンサルテーションのモデルでは，問題解決のプロセ
スを以下に示す５つのプロセスで説明しています（図6-6）。ステッ
プ１では，コンサルティとの協力関係づくりを行います。対象とな
る子どものためにともに考えていくことを確認するプロセスです。ス
テップ２では，問題状況の具体的な定義と目標の仮の設定を行います。
コンサルティが子どもへの関わりにおいてどのような状況に困ってい
るのかを明確にし，コンサルティの視点から「子どもにどのように
なってほしいのか」目標を具体化するプロセスです。ステップ３の
問題状況の生態学的アセスメントでは，問題状況に関する情報を幅広
く収集し，問題状況が生じている背景を探ります。このステップによ
り，問題状況をとらえるコンサルティの視点が，コンサルティ自身の
困り感から子どもの視点，すなわち子どもはなぜこのような行動をし
ているのかを理解しようとする視点へと広がっていくことが期待でき
ます。ステップ４では，子どもの視点を踏まえて問題状況についての
目標を定め，問題解決の方針と方略を具体化します。いつ，どこで，
誰が，どのような援助を行うのか，役割分担を明確にすることも，こ
のステップでの重要なポイントです。ステップ５で，問題解決方略

```
┌─────────────────────────────────────────────────────────┐
│ ステップ1：パートナーとしての協力関係作り                    │
└─────────────────────────────────────────────────────────┘
                         ↓
┌─────────────────────────────────────────────────────────┐
│ ステップ2：問題状況の具体的な定義と目標の仮の設定             │
└─────────────────────────────────────────────────────────┘
                         ↓
┌─────────────────────────────────────────────────────────┐
│ ステップ3：問題状況の生態的アセスメント                      │
└─────────────────────────────────────────────────────────┘
                         ↓
┌─────────────────────────────────────────────────────────┐
│ ステップ4：目標の設定及び問題解決の方針と方略の選択           │
└─────────────────────────────────────────────────────────┘
                         ↓
┌─────────────────────────────────────────────────────────┐
│ ステップ5：問題解決方略の実践，評価，フォローアップ           │
└─────────────────────────────────────────────────────────┘
```

▲図 6-6　問題解決型コンサルテーションのプロセス（石隈，1999）

を実践し，その成果を持ち寄って評価を行います。ここでは，決定した目標や方針，方略が子どもにとって適切なものだったのかを評価していきます。

　問題解決型コンサルテーションでは，このモデルで示されたステップを円環的に繰り返すことで，コンサルティが直面している問題を解決し，より効果的に援助できるようになることをめざしています。

　障害がある子どもの援助にチームであたる際には，チームのメンバーによるきめ細かな情報交換と共通理解が欠かせません。しかし，校内外のメンバーが一堂に会する機会を頻繁に設定することはできません。だからこそ，今，チームが問題解決プロセスのどのステップにいるのかを把握し，メンバーが集まる会議で扱う内容を絞り込むことが欠かせないのです。問題解決型コンサルテーションのプロセスは，特別支援教育コーディネーターが見通しをもって問題解決にあたり，チームによる作戦会議を実りあるものにするための重要な視点となり得ます。そして，このような視点をもった特別支援教育コーディネーターが，チームの問題解決の水先案内人として機能することができるのです。

④コーディネーション

　障害がある子どものために効果的なチーム援助を展開するには，先に示した問題解決型コンサルテーションのモデルに沿って進める一つひとつのプロセスを，どのようなメンバーで行ったらよいか判断する

ことが必要です。援助チームの特徴は，弾力的にメンバーを構成できることです。この特徴を活かし，問題解決のプロセスに応じた適切なメンバーを選び，招集することが，チーム援助の成果の鍵を握ります。そして，この役割は特別支援教育コーディネーターの重要な役割でもあります。

　学校心理学では，「学校内外の援助資源を調整しながらチームを形成し，援助チーム及びシステムレベルで，援助活動を調整するプロセス」をコーディネーションとよんでいます（瀬戸・石隈，2002）。コーディネーションを進めるコーディネーターには，チームとしての援助活動を調整しまとめるリーダーとしての機能が求められます。瀬戸（2004）は，このような機能を果たすためには，コーディネーターに一定の責任と権限をもたせることが必要だとしています。特別支援教育コーディネーターに指名された担任や特別支援学級担当者がコーディネーターとして機能することの難しさを訴える背景には，役割に対応した権限が明確に位置づいておらず，校内の教職員もその役割を理解できていないといった実態があるのかもしれません。職務としての位置づけが重要であり，学校長のリーダーシップが不可欠であることを示しているともいえるでしょう。

3. 具体的な支援における工夫と教育・学校心理学

　人には誰でも得意なことと苦手なことがあります。そして，得意な部分を使って苦手さを補うことで，大きな不便を感じることなく日常生活を送ることができているのでしょう。しかし，障害がある子どもたちは，苦手なことと得意なことの差が大きく，自分のもつ得意な部分では苦手さを補いきれない状況にあると考えるとよいのかもしれません。障害がある子どもの支援では，得意な部分を使って困難を改善したり，教材や環境により苦手さを補ったり，苦手な部分を克服することをめざしたりと，さまざまな工夫がなされています。学校現場でどのような支援が行われているのか，事例を通して紹介します。

【事例1】
知的障害の特別支援学校小学部に在籍するAくんは，周囲の人の行動や写真を見て次にすることを理解するなど，視覚的な刺激による理解が得意です。

しかし，発話がないため周囲とのコミュニケーション手段が見つからない状況にありました。

▷ エピソード1

Ａくんは，時折床に座り込んで動かなくなってしまったり，教室から出ていって戻ってこなくなってしまったりすることがありました。どのような状況でこのような行動が生じるのかを調べたところ，1つの行動が終わり次にすることがわからないときや，今やっている活動に飽きてしまって続けるのが嫌になってしまったときであることがわかりました。担任の先生は，Ａくんの行動の背景として，現在の行動がいつまで続くのか，そして次の行動が何なのかといった見通しのもてなさがあると考えました。そこで，Ａくんが得意な視覚刺激を活用して次のような工夫をしました。

①Ａくんの取り組む活動を絵カードにして，時間のはじめに示すことにしました。朝の準備では，「連絡帳を出す」→「お着替え」→「ブランコ」といった具合です。1つの活動が終わったら次のカードの活動に移ります。

②Ａくんはそうじ機を使って掃除をするのが大好きですが，教室にまんべんなくそうじ機をかけることはできません。そこで，掃除の前に紙を細かくちぎって床にまき，そうじ機をかけてきれいになったことが一目瞭然でわかるようにしました。

▷ エピソード2

担任の先生の工夫により，Ａくんがしゃがみ込んだり教室から出ていったりしてしまうことがずいぶん少なくなりました。それでも，しゃがみ込んでしまうことがなくなったわけではありません。担任の先生は，再度どのような状況で行動が生じるのかを検討しました。その結果，「その行動はやりたくない」，あるいは「もっとブランコをしていたい」といったメッセージとしてこのような行動が生じるのではないかと考えました。よく考えれば，絵カードは，担任の先生からＡくんへ次にやるべきことを伝える手段としては有効に機能していましたが，Ａくんから担任の先生にＡくんのメッセージを伝えるものにはなっていませんでした。そこで，絵カードを利用して次のような工夫をしました。

①Ａくんが，大好きなブランコを「もう少し乗っていたい」ときに示す「もう一度」カードをつくりました。「もう一度」カード

▲図6-7　絵カード

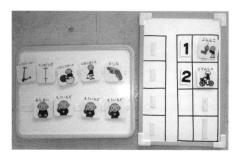

▲図6-8　絵カード2

では，30数えるまでブランコに乗ってよいことにしました。

②取り組んでいる活動に飽きてしまったとき，教室から出ていったりしなくてよいように，「おしまい」カードをつくりました。Aくんが「おしまい」カードを提示したら，次に何をするのか担任の先生と一緒にカードで考え直すことにしました。

▷ エピソード3

担任の先生のこれらの工夫により，Aくんと担任の先生がカードを通して次にやることを相談する場面が増えてきました。それでも，しゃがみ込みや教室からの飛び出しがなくなったわけではありません。Aくんが座り込んでしまったとき，担任の先生はいつも抱き起こして次の行動に向かわせていましたが，そのままにしたらどうなるのか，Aくんのそばで見守ってみることにしました。Aくんは，しばらく床にしゃがみ込んだり寝転んだりしていましたが，5分ほど

でクラスの活動に戻っていきました。戻っていった活動が，Aくんの好きな活動だったこともあるかもしれません。しかし，この観察によって担任の先生は，たとえしゃがみ込んでもAくんがクラスの活動を見ていないわけではなく，Aくんなりのタイミングで活動に戻ってくる可能性があるのだと，理解することができました。

【事例2】
小学校3年生のBくんは，国語や算数などの勉強は得意ですが，聴覚的な刺激や視覚的な刺激に敏感です。教室には音や物があふれているので，たまらなくなって大声を出してしまうこともあります。

▷ エピソード1
刺激に敏感なBくんですが，どの刺激にも敏感なわけではありません。担任の先生は，Bくんの行動観察により生活や学習場面で支障をきたしやすい刺激について調べました。その結果，机を移動するときの音，体育館で反響する子どもたちの声，黒板周りの掲示物といった刺激をコントロールする必要があることがわかりました。そこで，担任の先生は次のような工夫を考えました。
　①机と椅子の脚にカバーをつけました。移動させる際に脚と床がこすれる音がほとんど聞こえなくなりました。
　②体育や集会で体育館を利用するときには，イヤーマフを使うことにしました。イヤーマフをすることで，周囲の音が入りにくくなりました。
　③黒板や掲示物を覆うことができるようにカーテンをつけました。黒板周りの掲示物は，Bくんが学習する際にはないほうがよい刺激ですが，クラスの子どもたちにとっては必要な物です。そこで，掲示物を精選し必要最小限のものにするとともに，必要に応じてカーテンを引き掲示物を見えなくすることができるようにしました。

▷ エピソード2
担任の先生の工夫により，Bくんはクラスで落ち着いて生活できるようになりました。しかし，周囲の雰囲気を察するのが苦手なBくんは，授業中に自分の興味があることを1人でしゃべってしまったり，先生に質問をし続けたりしてしまうことがありました。先生や周りの友達が注意をすると怒ってしまいます。そこで，担任の先生は次

のような工夫をしました。

①「質問タイム」をつくり，質問はそこで受けるルールをつくり
　ました。授業中のどこに質問タイムがあるのかがクラスのみん
　なにわかるよう，授業のはじめに「今日の授業の予定」を示す
　ことにしました。

②クラスのみんなで，質問タイムで1人ができる質問の数を決め
　ました。その結果，「1人が質問できるのは3つ」というルール
　をクラスのみんなでつくり，確認しあいました。

▷ エピソード3

勉強が得意なBくんですが，運動は苦手です。体育で取り組んでい
る前転がうまくできません。先生は次のような工夫をしました。

①前転の動きを分解して，一つひとつの動きをカードにして示し
　ました（手をつく→ひざを伸ばしておしりを持ち上げる→頭の
　後ろをマットにつける→足をける）。

②Bくんがマットに手をつく位置に，手の形のシールをつけまし
　た。

③Bくんがマットに頭をつける位置に，丸いシールをつけました。

　事例を通して指導の工夫の実際をご紹介しました。教室での指導の
様子がイメージできたでしょうか。特別なニーズがある子どもたちを
支援する際のポイントをまとめてみます。

①コミュニケーション手段の確保

　子どもと周囲の人とが意思疎通を図るためのコミュニケーション手
段を確保することです。子どもたちの中には，言葉という手段では自
分の気持ちや考えをうまく表現できない子どもや，他の人が言ってい
ることをうまく理解できない子どもたちがいます。言葉だけに頼らず，
子どもにとって理解しやすく表現しやすいコミュニケーション手段を
見つけ，意思疎通が図れる状況をつくることが重要です。言葉に代わ
るコミュニケーション手段としては，写真カード，絵カード，タブレッ
トなどがあります。

②課題の見通しや進行状況の視覚化

　子どもたちの中には，取り組んでいる課題がいつまで続くのか，ど
こまでやったら終わりになるのかがわからずに混乱してしまう子ども

もいます。自分が取り組んでいる活動の見通しがもてるよう，取り組みはじめに絵カードや文字カードで予定や活動内容を示したり，時計やタイマーで活動の終わりをわかりやすくしたりするなどの工夫が重要です。活動のパターンを決めていつも同じ順番で進めることでも，見通しをもちやすくすることができます。

③できる環境づくり

　子どもが苦手な課題を自力でやり遂げることが難しい場面も多々あります。そのようなときには，苦手さを補う教材を工夫するなどして課題を遂行しやすい環境をつくることが重要です。このための工夫には，余計な刺激で集中が途切れないようにする刺激の量の調整や，課題を達成するために必要な行動を少しずつ提示するスモールステップなどがあります。また，多くの物や音が散乱する教室環境をわかりやすく整理する構造化も重要な工夫の1つです。

　以上のように，支援の工夫にはさまざまなものがあります。一人ひとりのニーズに応じた支援を行うには，子どもがつまずいている状況や子どもの特徴，子どもを取り巻く環境に関する情報を収集し分析するアセスメントが不可欠です。そして，これらの工夫は，単に子どもたちが1人でできる活動を増やすことを目的としているだけでなく，「子どもの自立や社会参加に向けた主体的な取り組み」への支援であるということを忘れてはなりません。取り組んでいる課題が，子どもの生活場面で活かされ，子どもの生活がよりよくなることをイメージするとともに，そこへ向けた支援も計画に組み込まれる必要があるのです。

　また，障害がある子どもたちへのこれらの工夫は，障害はないけれども何らかの学びにくさがある子どもたちにとっても役立つ工夫となり得ます。特別支援教育のノウハウを活かし，すべての子どもが学びやすい環境を工夫する授業のことを「授業のユニバーサルデザイン化」とよんでいます。障害のあるなしにかかわらず，一人ひとりが異なる学び方をする存在であることを前提とした取り組みであり，特別支援教育のさらなる可能性が感じられます。

3節　特別支援教育の課題と展望

　2007年に特別支援教育が制度化され，通常の学級を含め学校全体で特別支援教育が実施されることとなりました。そして，2006年の国連で採択された「障害者の権利に関する条約」に，日本は2007年に署名しました。この条約は，私たちに認められている基本的な人権や自由を，障害者も等しく有していることを改めて保障しようとするものです（日本ユニセフ協会，2013）。そして，教育における障害者の権利を認めるために，教育がインクルーシブであること，障害者に合理的配慮を提供することが明記されています。このような流れを受けて，特別支援教育もインクルーシブ教育システムの構築へ向けて動き始めています。

1. インクルーシブ教育システム構築に向けた流れ

(1) インクルーシブ教育システムとは

　インクルーシブ教育システムは，障害のある人と障害のない人がともに学ぶ仕組みです。このような仕組みを実現するためには，「障害がある子どもが一般的な教育制度から排除されないこと，自己の生活する地域において初等中等教育の機会が与えられること，個人に必要な『合理的配慮』が提供されることが必要」だとされています（文部科学省中央教育審議会，2012）。

(2) 国内の動向：不当な差別的取扱い・合理的配慮とは

　2014年に日本は「障害者の権利に関する条約」に批准しました。この条約に示された内容を国内で適切に実施するために，障害者差別解消法が2016年4月より施行されました。障害者差別解消法では，障害を理由とする不当な差別的取扱いを禁止するとともに，合理的配慮の提供を義務づけています。

①不当な差別的取扱いとは

　2015年に文部科学省が示した「文部科学省所管事業分野における障害を理由とする差別の解消の推進に関する対応指針について（通知）」には，不当な差別的取扱いにあたり得る具体例が列挙されてい

ます。「学校への入学の出願の受理」「入学」「授業等の受講」「実習等
校外教育活動」「式典参加」を拒むことなどが不当な差別的取扱いに
あたるとされています。

②合理的配慮とは

　合理的配慮は，障害がある子どもが他の子どもたちと同じスタート
ラインに立つために，すでにある環境や条件に対して子どもの特性に
合わせた「変化」をつけることです（奥村，2015）。変化をつけるべ
き環境や条件のことを「社会的障壁」とよぶこともあります。「社会
的障壁」には，利用しにくい施設や設備といった「社会における事物」，
利用しにくい「制度」，障害のある人の存在を意識していない「慣行」，
障害のある人への偏見といった「観念」があるといわれています。

2. 教育現場に求められること

　障害のある子どもが，もてる能力や可能性を十分に発揮し，地域社
会の一員として自立した生活が送れるような社会をめざすことについ
て反対する人はいないように思います。しかし，そんなあるべき姿
と照らして現在の教育現場を見返し，取り組むべきことを考えたとき，
課題の多さに圧倒されるのも事実です。取り組むべき課題についてい
くつかあげてみます。

　まず，就学先決定の仕組みです。文部科学省は，平成25年に学校
教育法の改正を行い，就学先決定の仕組みの見直しを行いました。そ
こには，就学先決定のプロセスにおいて本人や保護者の意向を最大限
に尊重すること，就学先の決定に携わる教育支援委員会が就学先での
支援が適切に行われているかを含め検討すること，といった見直しが
含まれています。就学先の決定は，就学基準だけで決まるものではあ
りません。また，就学先の検討にあたっては，本人や保護者がそれぞ
れの機関のメリット・デメリットを踏まえて検討することができるよ
うな情報提供や教育相談が不可欠です。さらには，子どもへの支援は，
子どもが在籍する学校のみならず，多様な場面・機関を組み合わせて
行っていくものです。このようなインクルーシブ教育システムの実現
に向けた就学相談のあり方を踏まえて，それぞれの現場にいる教員，
スタッフが自らの役割を見直すことが求められています。

　次に，合理的配慮への対応です。社会的障壁の除去を目的とした合

理的配慮の中には，エレベーターや障害者用トイレの設置など設備や施設面の整備のように大きな予算がともなうものもあります。「実施にともなう負担が過重」なために実現が難しいものもあるかもしれません。そんなとき，合理的配慮ができるかできないかという二者択一の議論にしないことが重要です。3階の図書室に行くためのエレベーターの設置が難しければ，図書室を1階にする。図書室を1階に移動することが難しければ，本人が見たい本を1階の教室に持ってくるといった工夫もできそうです。現状において対応可能な方法を検討するために学校と本人，保護者がともに智恵を絞り合う柔軟さが求められています。

　最後に，慣行や観念といった社会的障壁の除去に向けた取り組みについてです。

　社会的障壁のうち，社会における事物や制度は関係者間の合意により除去していくことが可能です。しかし，慣行や観念といった社会的障壁の除去は，人の意識を変えなければならないだけに，難しい課題です。学習指導要領に位置づけられている「交流及び共同学習」は，障害がある子どもが地域の子どもと学習や活動をともにすることで，障害がある子どもとない子どもが相互理解を図っていく重要な機会になり得ます。しかし，障害のある人とともに生きるセンスは，障害のある人との生活経験のみで育つものではありません。その背景として，考え方の違いや性格や特徴の違い，ペースの違いなど，さまざまな「ちがい」を尊重する感性を磨き，育てることが重要になるからです。「交流及び共同学習」といった障害がある子どもとの活動のみならず，普段の学級活動や授業において一人ひとりの「ちがい」を大切にし合うことが，「障害の有無にかかわらず，誰もが相互に人格と個性を尊重し合える共生社会の実現」（文部科学省，2019）につながるのです。そして，そのような意識を育てる学級経営や学校づくりこそ，慣行や観念といった社会的障壁に対する重要な合理的配慮になり得ます。

3. さいごに

　現在，私たちが直面しているインクルーシブ教育システム構築の取り組みは，障害がある人と障害のない人が等しく社会参加する「共生

社会」へ向けた取り組みです。誰でも理解でき，共感できる方向性ではありますが，課題の多い，長い道のりだと感じます。何より，自分たちが子ども時代に過ごした学校の常識が覆されることも多くあり，なんとなくの違和感，感覚的な違和感が生じることもあるように思います。

　しかし，よく考えてみれば，自分たちが子ども時代を過ごしたのは数十年前のことです。その頃の常識が今では通用しないこともたくさんあります。そして，現在取り組んでいるインクルーシブ教育は，今，学校で学んでいる子どもたちが大人になり社会で活躍する頃に常識となっている仕組みかもしれません。その頃に通用するセンスを学校教育で育てている——そのように考えると，学校に対する自分の常識だけに頼らず，30年40年先の社会を思い描きながら日々の取り組みを検討したいと感じます。

教育・学校心理学からみた特別支援学校の仕事

　教育・学校心理学からみると，特別支援学校は「三次的援助サービス」に該当し，より多くの個別的な配慮，特別な支援が必要な子どもが在籍する学校です。そのため，「アセスメント」は重要です。しかし，実態を適切に把握するための客観的なアセスメントが少ないため，日々の実践における試行錯誤や，さまざまな「立場の異なる専門家」の視点を重ね合わせながら，実態を把握します。

　実態把握の結果をもとに，「個別教育計画」を立案し，指導にあたります。日々の授業研究や教材研究が，子どもの実態に合わせたオーダーメイドであることも特色です。日々リメイクやバージョンアップを重ねながら，今，目の前の子どもにとっての最適を探します。私は，その際のキーワードは，「あなたとわかり合いたい」だと感じています。子どもたちはとても素直で，無邪気で，感情表現がストレートです。笑うときも，怒るときも，泣くときも，思い切り力一杯です。一方で，表出言語やコミュニケーション手段が限られている子どももいます。そのため，「痛い」も，「イライラする」も，「おなかがすいた」も，全て怒りや，大泣きすることで表現する場合があります。そこで，写真やイラスト，文字カードジェスチャーやサインなど，さまざまな手段を併用してコミュニケーションを重ねていきます。発達がゆっくりの子どもも多いため，とても手間と時間がかかるやりとりですが，わかり合えたときの喜び，達成感，そして「わかった」ときに見せてくれる子どもたちの笑顔は，何物にも代えがたい，この仕事のやりがいであると感じています。

　「個別教育計画」にまとめられた配慮事項は，例えば放課後等デイサービスなど，学校以外における子どもの居場所での活動のヒントにもなります。また，学校は，長い人生から見れば通過点に過ぎません。子どもたちが高等部卒業後に，地域で生活する際に何が必要か。それを達成する道筋として，現在すべきことは何か。「個別教育計画」には，「これがあれば大丈夫」「こういう説明の仕方がこの子どもには効果的である」など，さまざまな情報をまとめ，別の居場所や次のステージに託す「バトン」の意味合いもあります。

　「チーム支援」という視点からみると，特別支援学校の教員は，実にさまざまな形の連携を行っています。多くの授業において，教員は複数担当の「チーム」で指導にあたるため，日々の職員間の打ち合わせは欠かせません。また，校内の「ケース会議」では，養護教諭の他，作業療法士，理学療法士，言語聴覚士，心理職（公認心理師など），看護師，スクールカウン

セラー，スクールソーシャルワーカー，教育相談コーディネーター等，実にさまざまな「立場の異なる専門家」と連携協力を行います。保護者とも，日々の連絡帳でのやりとりに加え，電話連絡，送迎時の一言，等，密接な関係の中で，「カウンセリング」的な対応を求められることもしばしばあります。さらに，校外では医療，行政，福祉等，関係する機関も多種多様です。特別支援学校の教員は，多方面にわたる専門性が求められる職種ともいえるでしょう。

　また，他機関に対して「コンサルテーション」を行う場面も多いです。特別支援学校の「センター的機能」は，まさに地域の学校の通常学級や特別支援学級の先生方を支援することで，在籍する子どもたちを間接的に支援する，「コンサルテーション」です。近年は，学校組織全体に対する「学校コンサルテーション」という視点から，専門的なアドバイスを求められる機会も増えています。

　これらのことから，特別支援教育は，「教育・学校心理学」と密接な関係がある領域といえます。

　やりがいがある反面，つらいこと，大変なことも多々あります。特別支援学校には，さまざまな子どもが在籍しています。家庭訪問で教育を受ける子ども。自宅から離れた施設で生活する子ども。医療ケア等の対応が必要な子ども。入院先の病院の中の学校に通う子ども。発作があり頻繁に救急車対応をする子ども。進行性の障害の場合，残念ながら卒業式を待たずに旅立つ子どももいます。自傷行為や他害が多い子どもと向き合うときには，子ども自身と教員の双方でけがをする危険な場面もあります。排泄が自立していない子ども，時には排泄物で遊んでしまう子ども。私たちの日々の指導場面は，きれい事ばかりではありません。子どもと真剣に向き合ってもうまくいかず，自分がいかに無力な存在かを思い知らされる瞬間すらあります。現場の教員は，短いこの瞬間，瞬間をつなぎ合わせ，積み重ねながら，生活の質（QOL）を高め，一歩でもよりよい未来や将来への自立に近づくために，そして一つでも多く楽しい思い出を作るために，日々格闘しているのです。

　近年，「ユニバーサルデザイン」という考え方が一般的になってきています。車椅子利用者にとって段差のないバリアフリーのフロアは，高齢者にも，幼児にも使いやすいフロアです。公共施設における案内表示やピクトグラム等のイラスト表示は，文字情報や視覚的情報を活用する聴覚障害者にとって有益であるだけでなく，外国につながりのある方にもわかりやすいです。障害の有無や言語の壁を越えて，全ての人に優しい共生社会の実現を目指す取り組みは，特別支援教育の方向性そのものであり，これからの世の中を変えていく可能性を秘めていると思います。

『ライブラリスタンダード心理学6　スタンダード教育心理学』

服部　環・外山美樹（編）松井　豊（監修）(2013) サイエンス社

　本書は，「心理学の基本的な枠組みを理解し，最新の知見を学ぶ」「今後10年以上にわたり心理学の標準となりうる知見」を主なコンセプトとして企画されたものです。教育心理学の枠組みとなる発達，学習，人格（パーソナリティ），社会（学級集団），評価を中心に構成されています。「学習」との関連で「動機づけ」「記憶」「知能」の章が，生徒指導や特別支援教育との関連で「心の問題と発達障害」，学校心理学との関連で「学校カウンセリング」の章が取り上げられています。最新知見を追加した「第2版」も出版される予定です。

『教科心理学ハンドブック—— 教科教育学と教育心理学による"わかる授業の実証的探究"』

福沢周亮・小野瀬雅人（編著）(2010) 図書文化社

　本書は，「学校における教科ごと，教科教育学とその基盤となる教科心理学の考え方や研究成果（エビデンス）が理解でき，学校の教師が行う教科学習指導の改善に役立つだけでなく，教師，研究者，学生(大学院生)が実践研究を進めるうえでの手がかりを得ることができる」ことをコンセプトとして企画されたものです。執筆陣は教科教育学者と教育心理学者 41 名となっています。副題に「わかる授業の実証的探究」とあるように，教師がすべての子どもにとって「わかる」授業づくりを行うためにどうすべきかを考える際に参考となる教育心理学の研究成果が網羅されています。

『やわらかアカデミズム・「わかる」シリーズ　よくわかる学校心理学』

水野治久・石隈利紀・田村節子・田村修一・飯田順子（編著）(2013) ミネルヴァ書房

　本書は，「はじめに」で編者の石隈が述べているように，「学校」「学習」「援助」について考えながら一人ひとりの子どもの学校生活を援助するための枠組みやモデルを提供するものとなっています。学校心理学の「事典」としての機能も備え，読者の関心のあるところから読むことで学校心理学に関する理解が拡がる構成となっています。特に，スクールカウンセラー等で学校の仕事に関わる際には教員や保護者の理解が必要になりますが，第2部の実践編「子どもと学校の援助」の 4 つの章と 8 つの「コラム」が役に立ちます。

『公認心理師スタンダードテキストシリーズ18　教育・学校心理学』
小野瀬雅人（編著）下山晴彦・佐藤隆夫・本郷一夫（監修）（2021）ミネルヴァ書房

公認心理師法が 2015 年 9 月 16 日に公布されました。それにより第 1 回国家試験が 2018 年 9 月 9 日に実施され，現在に至っています。本書は，大学における公認心理師養成カリキュラムの「実践心理学」5 科目の 1 つ「教育分野」の科目の標準テキストとして企画されました。そのため，国家資格としての知識・能力の水準を示す「到達目標」に準拠した内容を中心に構成されています。また公益社団法人日本心理学会の「公認心理師カリキュラム標準シラバス」にも対応していますので，公認心理師養成大学でのテキストとして利用できます。公認心理師として教育分野で働く人が，心理支援について「学び直し」をするうえでも参考になる 1 冊です。

『学校心理学 —— 教師・スクールカウンセラー・保護者のチームによる心理教育的援助サービス』
石隈利紀（1999）誠信書房

本書は，学校心理学の理論と実践に関して体系的に書かれており，教育・学校心理学の領域で，もっとも引用・参照されている本の 1 冊です。アメリカの学校心理学，日本の学校教育相談，特別支援教育を基盤に，心理教育的援助サービスの実践モデルや方法が提案されています。三段階の心理教育的援助サービスの枠組みが最初に紹介された本です。学校教育の資源を活用して，教師・保護者・スクールカウンセラーのチームで子どもを援助するという考え方と実践が紹介されており，教育・学校心理学を学ぶ重要な参考書になります。

『学校心理学ハンドブック第 2 版 ——「チーム」学校の充実をめざして』
日本学校心理学会（編）石隈利紀・大野精一・小野瀬雅人・東原文子・松本真理子・山谷敬三郎・福沢周亮（責任編集）（2016）教育出版

本書は，好評の第 1 版に続き，子どもと学校現場のニーズと学校を取り巻く状況に応じるために，学校心理学の実践と研究成果の蓄積から出版されました。「学校心理学とは何か」「学校心理学を支える理論と方法」「学校心理学の実践」の 3 部からなり，学校心理学の理論・方法では，「学校教育的基盤」「心理学的基盤」「心理教育的援助サービスの方法と技法」から構成されています。1 項目ごと，見開き 2 ページで説明してあり，高校生・大学生・現場の実践家が学校心理学の事典としても活用できる 1 冊です。

『チーム学校での効果的な援助——学校心理学の最前線』
水野治久・家近早苗・石隈利紀（編著）（2018）ナカニシヤ出版

　本書は，チーム学校における三段階の心理教育的援助サービスの枠組みに基づいて，学校心理学の最前線の実践を紹介しています。一次的援助サービスでは，フレックススクール，授業のユニバーサルデザイン，二次的援助サービスでは養護教諭やスクールカウンセラーの実践，三次的援助サービスでは特別支援教育，援助チーム・コーディネーション委員会などを取り上げています。各章は，理論・研究的な基盤，実践モデル，実践例から構成されており，学生や実践家にとっても，研究者にとっても，大変役立つ１冊です。

『公認心理師の基礎と実践 18　教育・学校心理学』
石隈利紀（編著）野島一彦・繁桝数男（監修）（2019）遠見書房

　本書は，大学における公認心理師養成カリキュラムの「実践心理学」5科目の１つ「教育・学校心理学」の標準テキストとして出版されました。基礎編として，子どもの発達課題・教育課題，スクールカウンセリングの枠組み，チーム学校，3段階の心理教育的援助サービスについて紹介し，実践編で発達障害，不登校，いじめ，非行，危機対応，学級づくり・学校づくり，地域ネットワークづくりを取り上げています。心理支援の専門家14名による執筆で，事例や実践のヒントを盛り込んでおり，現場の実践家にも参考になる１冊です。

文　献

● 第1章

American Psychiatric Association（2013）．*Diagnostic and statistical manual of mental disorders*（5th ed.）．Washington, D.C.: American Psychiatric Association.（髙橋三郎・大野　裕（監訳）（2014）．DSM-5　精神疾患の分類と診断の手引き　医学書院）

濱口佳和（2018）．教育心理学とは何か　吉田武男（監）・濱口佳和（編）　教育心理学（pp.3-13）ミネルヴァ書房

濱口佳和（2019）．いじめの理解と援助　野島一彦・繁桝算男（監）石隈利紀（編）　公認心理師の基礎と実践18 教育・学校心理学（pp.116-129）　遠見書房

家近早苗・石隈利紀（2003）．中学校における援助サービスのコーディネーション委員会に関する研究　教育心理学研究，**51**, 230-238.

石隈利紀（1999）．学校心理学―教師・スクールカウンセラー・保護者のチームによる心理教育的援助サービス―　誠信書房

石隈利紀（2012）．みんなの援助が一人の援助―どのように一次的援助サービスが二次的援助サービス・三次的援助サービスの土台になるか―　学校心理学研究，**12**, 73-82.

石隈利紀（2018）．教育・学校心理学　子安増生・丹野義彦（編）公認心理師エッセンシャルズ（pp.36-37）　有斐閣

石隈利紀（2019）．教育・学校心理学の意義　野島一彦・繁桝算男（監）石隈利紀（編）　公認心理師の基礎と実践18　教育・学校心理学（pp.11-26）　遠見書房

Jimerson, S., Oakland, T., & Farrell, P.（2007）．*Handbook of international school psychology*. Thousand Oaks, CA: Sage Publishing.（石隈利紀・松本真理子・飯田順子（監訳）（2013）．世界の学校心理学事典　明石書店）

國分康孝（監）押切久遠（著）（2001）．クラスでできる非行予防エクササイズ　図書文化社

近藤邦夫（1994）．教師と子どもの関係づくり―学校の臨床心理学―　東京大学出版会

小貫　悟・桂　聖(2014)．授業のユニバーサルデザイン入門―どの子も楽しく「わかる・できる」授業のつくり方―　東洋館出版

子安増生・田中俊也・南風原朝和・伊藤裕司（2015）．ベーシック現代心理学6 教育心理学 第3版　有斐閣

宮本信也（2009）．巻頭言　LD 研究, **18**(3), 229.

水野治久・家近早苗・石隈利紀（編）（2018）．チーム学校での効果的な援助―学校心理学の最前線―　ナカニシヤ出版

文部科学省（2012）．通常の学級に在籍する発達障害の可能性のある特別な教育支援を必要とする児童生徒に関する調査結果

文部科学省中央教育審議会（2015）．チームとしての学校の在り方と今後の改善方策について（答申）

森田洋司・清水賢二（1986）．いじめ―教室の病―　金子書房

日本学校心理学会（2016）．学校心理学ハンドブック 第2版　教育出版

日本教育心理学会（2003）．教育心理学ハンドブック　有斐閣

大芦　治（2015）．学校心理学の創始者 Witmer の背景と位置づけをめぐって　日本学校心理士会年報，**8**, 5-15.

太田信夫（監）二宮克美・渡辺弥生（編）（2017）．シリーズ心理学と仕事5 発達心理学　北大路書房

奥地圭子（2015）．フリースクールが「教育」を変える　東京シューレ出版

Olweus, D.（1993）．*Bullying at school: What we know and what we can do*. Malden, MA: Blackwell Publishing.（松井賚夫・角山　剛・都築幸恵（訳）（1996）．いじめ―こうすれば防げる―川島書店）

押切久遠（2019）．非行の理解と非行する子どもの援助　野島一彦・繁桝算男（監）石隈利紀（編）

公認心理師の基礎と実践 18 教育・学校心理学 (pp.130-143)　遠見書房

下山晴彦（1996）．心理学における実践型研究の意義―臨床心理学研究法の可能性をめぐって　心理学評論, **39**, 315-337.

田上不二夫（1999）．実践・スクールカウンセリング―学級担任ができる不登校児童・生徒への援助―　金子書房

田村節子・石隈利紀（2003）．教師・保護者・スクールカウンセラーによるコア援助チームの形成と展開―援助者としての保護者に焦点をあてて―　教育心理学研究, **51**, 328-338.

山口裕幸（1999）．アクションリサーチ　中島義明・安藤清志・子安増生・坂野雄二・繁桝算男・立花政夫・箱田裕司（編）心理学辞典　有斐閣

山口豊一・石隈利紀（2009）．中学校におけるマネジメント委員会の意思決定プロセスと機能に関する研究　日本学校心理士会年報, **1**, 69-78.

吉野優香（2020）．教育心理学の方法　武田明典（編著）教師と学生が知っておくべき教育心理学（pp.105-111）　北樹出版

● **第 2 章**

Cronbach, L. J.（1970）. *Essentials of psychological testing*（3rd ed.）. New York: Harper and Row.

Flanagan, D. P., & Ortiz, S. O.（2001）. *Essential of cross-battery assessment*. Hoboken, NJ: John Wiley & Sons.

石隈利紀（1999）．学校心理学―教師・スクールカウンセラー・保護者のチームによる心理教育的援助サービス―　誠信書房

● **第 3 章**

蘭　千壽（1980）．学級集団の社会心理学―jigsaw 学習法を中心として―　九州大学教育学部紀要（教育心理学部門）, **25**, 25-33.

蘭　千壽（2000）．学習集団の組織化　西林克彦・三浦香苗・村瀬嘉代子・近藤邦夫（編）学習指導の方法と技術（pp.68-73）　新曜社

Ausubel, D. P., & Fitzgerald, D.（1961）. The role of discriminability in meaningful verbal learning and retention. *Journal of Educational Psychology*, **52**, 266-274.

東　洋（編）（1987）．教育の方法　放送大学教育振興会

Bloom, B. S.（1986）. Automaticity: "The hands and feet of genius". *Educational Leadership*, **43**（5）, 70-77.

Brophy, J. E., & Good, T. L.（1974）. *Teacher-students relationships: Causes and consequences*. New York: Holt, Rinehart, & Winston.（浜名外喜男・蘭　千壽・天根哲治（訳）（1985）．教師と生徒の人間関係―新しい教育指導の原点―　北大路書房）

Bruner, J. S.（1960）. *The process of education*. Harvard University Press.（鈴木祥蔵・佐藤三郎（訳）（1963）．教育の過程　岩波書店）

Bryan, T., Burstein, K., & Bryan, J.（2001）. Students with learning disabilities: Homework problems and promising practices. *Educational Psychologists*, **36**（3）, 167-180.

Cooper, H., & Valentine, J. C.（2001）. Using research to answer practical questions about homework. *Educational Psychologist*, **36**（3）, 143-153.

de Montmollin, M.（1974）. *L'enseignement programmé*. Presses universitaires de France.（山内光哉・大村彰道（訳）（1977）．プログラム教授法―教授工学入門―　白水社）

Dunkin, M. J., & Biddle, B. J.（1974）. *The study of teaching*. New York: Holt, Rinehart, and Winston.

Epstein, J. L.（2001）. *School, family, and community partnerships: Preparing educators and improving schools*. Boulder, CO: Westview Press.

藤田英典・由布佐和子・酒井　朗・秋葉昌樹（1995）．教師の仕事と教師文化に関するエスノグラフィ的研究―その研究枠組と若干の実証的考察―　東京大学大学院教育学研究科紀要, **35**, 29-66.

福沢周亮・小野瀬雅人（編）（2010）．教科心理学ハンドブック―教科教育学と教育心理学による"わかる授業の実証的探求"―　図書文化社

Gagné, R. M.（1965）. *The conditions of learning*. New York: Holt, Rinehart, & Winston.（吉本二郎・藤田　統（訳）（1968）．学習の条件　文理書院）

Garton, L. G., Spain, J. N., Lamberson, W. R., & Spiers, D. E.（1999）. Learning styles, teaching performance, and student achievement: A relational study. *Journal of Agricultural Education*, **40**(3), 11-20.

Green, S. K., & Gredler, M. E.（2002）. A Review and analysis of constructivism for school-based practice. *School Psychology Review*, **31**, 53-70.

市川伸一（2016）. 認知心理学 日本学校心理学会（編） 学校心理学ハンドブック 第2版―「チーム」学校の充実をめざして―（pp.72-73） 教育出版

板倉聖宣・上廻 昭（編）（1965）. 仮説実験授業入門 明治図書出版

梶田正巳（1986）. 授業を支える学習指導論―PLATT― 金子書房

北尾倫彦（編）（1993）. 観点別学習状況の評価基準表―単元の評価目標と判定基準― 小学校6年 図書文化社

國分康孝（監）岡田 弘（編）（1996）. エンカウンターで学級が変わる―グループ体験を生かした楽しい学級づくり― 小学校編 図書文化社

前神和明（2011）. 「学び直し」の場を設定し基礎・基本の定着を図る指導実践―中学校数学科における授業改善を通して― 鳴門教育大学大学院学校教育研究科高度学校教育実践専攻（教職大学院）2010年度 最終成果報告書（未公刊）

Mayer, R. E.（2003）. *Learning and instruction*. Upper Saddle River, NJ: Merrill Prentice Hall.

松森靖夫（1997）. 子どもの多様な考えを活かして創る理科授業 東洋館出版社

水越敏行（1977）. 発見学習入門 明治図書出版

文部科学省中央教育審議会（2015）. 教育課程企画特別部会 論点整理について（報告） https://www.mext.go.jp/component/b_menu/shingi/toushin/__icsFiles/afieldfile/2015/12/11/1361110.pdf（2021年1月22日閲覧）

O'Donnell, A. M., Reeve, J., & Smith, J. K.（2007）. *Educational psychology: Reflection for action*. Hoboken, NJ: Wiley.

落合幸子（1986）. 発展発問の効果に関する教育心理学的研究 風間書房

Rosenshine, B.（1987）. Explicit teaching. In D. Berliner & B. Rosenshine（Eds.）, *Talks to teachers: A festschrift for N. L. Gage*（pp.75-92）. New York: Random House.

Rosenthal, R. & Jacobson, L.（1968）. *Pygmalion in the classroom: Teacher expectation and pupils' intellectual development*. New York: Holt, Rinehart, & Winston.

Salomon, G.（1972）. Heuristic models for the generations of aptitude-treatment interaction hypotheses. *Review of Educational Research*, **42**, 327-343.

Schumm, J. S., Vaughn, S., Haager, D., McDowell, J., Rothlein, L., & Saumell, L.（1995）. General education teacher planning: What can students with learning disabilities expect? *Exceptional Children*, **61**(4), 335-352.

新谷しづ恵（2015）. 中学生の物理の学習に帯する先行オーガナイザーの効果 教材学研究, **26**, 7-14.

新谷しづ恵（2017）. 中学生の理科におけるイオン学習に及ぼす先行オーガナイザーの効果 教材学研究, **28**, 17-24.

Snow, R. E., Tiffin, J., & Seibert, W.（1965）. Individual differences and instructional film effect. *Journal of Educational Psychology*, **56**, 315-326.

杉原一昭・海保博之（編）（1986）. 事例で学ぶ教育心理学 福村出版

鈴木克明（2000）. 教授方略 日本教育工学会（編） 教育工学事典（pp.210-213） 実教出版

滝上俊美（2010）. 小学校における学力向上をめざした授業と家庭学習―児童・教師・保護者の双方向コミュニケーションを基盤とした学習指導の実践― 鳴門教育大学大学院学校教育研究科高度学校教育実践専攻（教職大学院）2009年度 最終成果報告書（未公刊）

辰野千寿（1989）. 学習スタイルを生かす先生 図書文化社

辰野千寿（1992）. 授業の心理学 教育出版

辰野千寿・高野清純・加藤隆勝・福沢周亮（編）（1986）. 多項目教育心理学辞典 教育出版

Van Voorhis, E. L.（2003）. Interactive homework in middle school: Effects on family involvement and science achievement. *Journal of Educational Research*, **96**(6), 323-328.

Venn, M. L., & McCollum, J.（2002）. Exploring the long- and short-term planning practices of Head Start teachers for children with and without disabilities. *Journal of Special Education*, **35**(4), 221-223.

山口　満（2009）．　学習指導要領　辰野千壽（編）　学習指導用語事典 第 3 版（pp.23-24）　教育出版

山本義博（2001）．　小学校理科における児童の素朴概念の変換を促す学習指導に関する研究—教師や児童の素朴概念の実態を通して—　教材学研究, **12**, 35-37.

▶ 現場の声 4

小貫　悟・桂　聖（2014）．　授業のユニバーサルデザイン入門—どの子も楽しく「わかる・できる」授業のつくり方—　東洋館出版社

● 第4章

有村春久（2004）．　「学級経営」実践チェックリスト—学級経営実務のプロセスを徹底サポート—　教育開発研究所

Bronfenbrenner, U.（1979）．*The ecology of human development: Experiments by nature and design.* Harvard University Press.（磯貝芳郎・福富　護（訳）（1996）．　人間発達の生態学　発達心理学への挑戦　川島書店）

淵上克義（1995）．　学校が変わる心理学—学校改善のために—　ナカニシヤ出版

家近早苗・石隈利紀（2003）．　中学校における援助サービスのコーディネーション委員会に関する研究　教育心理学研究, **51**, 230-238.

家近早苗・石隈利紀（2007）．　中学校のコーディネーション委員会のコンサルテーションおよび相互コンサルテーション機能の研究—参加教師の体験から—　教育心理学研究, **55**, 82-92.

家近早苗・石隈利紀・岡村光幸・丹下真知子・横田　隆・吉本恭子（2010）．　教師の心理教育的援助サービスに関する意識はコーディネーション委員会の参加によりどう変わるか—学校に焦点をあてて—　日本学校心理士会年報, **2**, 65-72.

石隈利紀（1999）．　学校心理学—教師・スクールカウンセラー・保護者のチームによる心理教育的援助サービス—　誠信書房

石隈利紀（2016）．　「チーム学校」における連携—スクールカウンセラーの役割と課題—　臨床心理学（臨時増刊号）, 33-35.

小島弘道・淵上克義・露口健司（2010）．　スクールリーダーシップ　学文社

牧　昌見（1998）．　学校経営の基礎・基本　教育開発研究所

文部科学省（2010）．　生徒指導提要

文部科学省中央教育審議会（2015）．　チームとしての学校の在り方と今後の改善方策について（答申）

http://www.mext.go.jp/b_menu/shingi/chukyo/chukyo0/toushin/__icsFiles/afieldfile/2016/02/05/1365657_00.pdf（2021 年 1 月 22 日閲覧）

田村節子・石隈利紀（2003）．　教師・保護者・スクールカウンセラーによるコア援助チームの形成と展開—援助者としての保護者に焦点をあてて—　教育心理学研究, **51**, 328-338.

田尾雅夫（1995）．　ヒューマン・サービスの組織—医療・保健・福祉における経営管理—　法律文化社

土屋　章（2010）．　校務分掌と学校の内部組織—学校の内部組織活性化への前提的契機—　盛岡大学紀要, **27**, 13-25.

山口豊一・石隈利紀（2009）．　中学校におけるマネジメント委員会の意思決定プロセスと機能に関する研究　日本学校心理士会年報, **1**, 69-78.

Wang, M. C., & Gordon, E. W.（1994）．*Educational resilience inner-city America: Challenges and prospects.* Hillsdale, L. Erlbaum Associates.

Weick, K. E.（1976）．Educational organizations as loosely coupled systems. *Administrative Science Quarterly*, **21**(1), 1-19.

▶ 現場の声 6

茨城県教育委員会（2003）．　県立高等学校再編整備の前期実施計画（平成 15 年度～平成 18 年度）

茨城県教育委員会（2014）．　県立高校教育改革の成果検証に係る報告書

石隈利紀（1999）．学校心理学―教師・スクールカウンセラー・保護者のチームによる心理教育的援助サービス―　誠信書房

國分康孝（1992）．構成的グループ・エンカウンターの意義と課題　國分康孝（編）構成的グループ・エンカウンター　誠信書房

文部科学省中央教育審議会（2016）．幼稚園，小学校，中学校，高等学校及び特別支援学校の学習指導要領等の改善及び必要な方策等について（答申）

横島義昭（1997）．高校生の親密性形成に影響を及ぼす自己開示　茨城大学大学院教育学研究科修士論文

横島義昭（2005）．実践事例　山口豊一（編）石隈利紀（監修）学校心理学が変える新しい生徒指導（pp.103-116）学事出版

横島義昭（2016）．学校心理学を基盤とした学校づくり―特別な支援を重視したフレックススクールの実践―　指導と評価, **62**(735), 35-37.

● 第5章

藤田晃之（2014）．キャリア教育基礎論　実業之日本社

杯田篤伸・西山久子（2017）．中学生へのクラスワイドな積極的行動支援（PBIS）の成果に関する研究―一次的な援助サービスとしての規範行動の向上に向けて―　福岡教育大学紀要, **66**, 125-133.

石隈利紀（1999）．学校心理学―教師・保護者・スクールカウンセラーらによる心理教育的援助サービス―　誠信書房

小林幹子・藤原忠雄（2014）．わが国の学校教育相談の展開史と今後の課題―学校における全ての子どもへの包括的な支援活動に関する実践の縦断的検討から―　学校心理学研究, **14**, 71-85.

国立教育政策研究所（2008）．規範意識をはぐくむ生徒指導体制―小学校・中学校・高等学校の実践事例22から学ぶ―　文部科学省国立教育政策研究所生徒指導研究センター
https://www.nier.go.jp/shido/centerhp/3-shu0803/200803-3shu.pdf（2021年2月16日閲覧）

国立教育政策研究所（2015）．生徒指導リーフ第2版　文部科学省国立教育政策研究所
https://www.nier.go.jp/shido/leaf/leaf01.pdf（2021年2月16日閲覧）

持丸修一郎・西山久子（2017）．学校適応を促進させるピア・サポートプログラムの研究―小規模小学校中・高学年での生徒指導の実践を通して―　福岡教育大学紀要, **Ⅵ**(66), 1-8.

文部科学省（2010）．生徒指導提要
https://www.mext.go.jp/a_menu/shotou/seitoshidou/1404008.htm（2021年2月16日閲覧）

文部科学省（2017）．児童生徒の教育相談の充実について―学校の教育力を高める組織的な教育相談体制づくり―（報告）
https://www.mext.go.jp/component/b_menu/shingi/toushin/__icsFiles/afieldfile/2017/07/27/1381051_2.pdf（2019年8月18日閲覧）

文部科学省（2019a）．生徒指導関係略年表
https://www.mext.go.jp/a_menu/shotou/seitoshidou/04121504.htm（2021年1月31日閲覧）

文部科学省（2019b）．いじめの定義の変遷，いじめの問題に対する施策

文部科学省（2019c）．平成30年度児童生徒の問題行動・不登校等生徒指導上の諸課題に関する調査結果について
https://www.mext.go.jp/component/a_menu/education/detail/__icsFiles/afieldfile/2019/10/25/1412082-30.pdf（2021年1月31日閲覧）

文部科学省中央教育審議会（2009）．学校に置かれる主な職の職務等について（資料）
https://www.mext.go.jp/b_menu/shingi/chukyo/chukyo3/042/siryo/__icsFiles/afieldfile/2009/03/19/1247451_1.pdf（2020年8月31日閲覧）

文部科学省中央教育審議会（2011）．今後の学校におけるキャリア教育・職業教育の在り方について（答申）

文部科学省中央教育審議会（2016）．幼稚園，小学校，中学校，高等学校及び特別支援学校の学習指導要領等の改善及び必要な方策等について（答申）

文部科学省中央教育審議会（2018）．学校の組織図（例）学校における働き方改革特別部会

資料 5-4

https://www.mext.go.jp/b_menu/shingi/chukyo/chukyo3/079/siryo/__icsFiles/afieldfile/2018/04/27
/1404498_8_1.pdf（2020 年 8 月 31 日閲覧）

森田洋司（2010）．　いじめとは何か　中公新書

西山久子（2006）．　ゼロトレランス方式と相談的対応が融合したわが校の取り組み　月刊学校
　　教育相談 11 月号　ほんの森出版

大野精一（1997）．　学校教育相談―理論化の試み―　ほんの森出版

Schmidt, J. G.（2014）．*Counseling in schools: Comprehensive programs of responsive services for
　　all students*（6th edition）．Pearson.

相馬誠一（2007）．　不登校―学校に背を向ける子どもたち―　シリーズこころとからだの処方
　　箋　ゆまに書房

Sugai, G.（2014）．　子どもたちが健やかに成長する学校環境　教育心理学年報, **53**, 184-187.

高橋哲夫・森嶋昭伸・今泉紀嘉（2004）．「ガイダンス機能の充実」によるこれからの生徒指導・
　　特別活動　教育出版

山本敏郎・藤井啓之・高橋英児・福田敦志（2014）．　新しい時代の生活指導　有斐閣

● 第 6 章

今田里佳（2004）．　心理教育的アセスメントの方法　日本学校心理学会（編）　学校心理学ハン
　　ドブック―「学校の力」の発見―（pp.70-71）　教育出版

石隈利紀（1999）．　学校心理学―教師・スクールカウンセラー・保護者のチームによる心理教
　　育的援助サービス―　誠信書房

石隈利紀（2004）．　コンサルテーションとは　日本学校心理学（編）　学校心理学ハンドブック
　　―「学校の力」の発見―（pp.112-113）　教育出版

石隈利紀・山口豊一・田村節子（2005）．　チーム援助で子どもとのかかわりが変わる―学校心
　　理学にもとづく実践事例集―　ほんの森出版

文部科学省（2007a）．　特別支援教育の推進について（通知）

文部科学省（2007b）．　パンフレット「特別支援教育」　文部科学省初等中等教育局特別支援教
　　育課

文部科学省中央教育審議会（2012）．　共生社会の形成に向けたインクルーシブ教育システム構
　　築のための特別支援教育の推進（報告）

文部科学省（2015）．　文部科学省所管事業分野における障害を理由とする差別の解消の推進に
　　関する対応指針について（通知）

文部科学省（2019）．　交流及び共同学習ガイド
　　http://www.mext.go.jp/a_menu/shotou/tokubetu/010/001.htm（2021 年 1 月 22 日閲覧）

文部科学省（2020）．　文部科学白書（令和元年度）　サンワ

長野県教育委員会（2008）．　特別支援教育シリーズ第 2 集 一人にひかり　みんなのかがやき―
　　「個別の教育支援計画」の策定と活用・生涯にわたるよりよい支援のために―　しんきょ
　　うネット
　　https://www.pref.nagano.lg.jp/kyoiku/tokubetsu-shien/tokubetsushien/series/documents/tokubetu.pdf
　　（2021 年 1 月 22 日閲覧）

中澤　潤・大野木裕明・南　博文（編）（1997）．　心理学マニュアル観察法　北大路書房

日本ユニセフ協会（2013）．　ユニセフ基礎講座第 47 回「障害者の権利に関する条約」を知る
　　ユニセフ T-NET 通信, 55 号
　　https://www.unicef.or.jp/kodomo/teacher/t-back02.htm（2021 年 1 月 22 日閲覧）

奥村智人（2015）．　合理的配慮につなげるアセスメント　2015 年度特別支援教育士資格更新必
　　修研修会資料集, 16-27.

瀬戸美奈子（2004）．　学校におけるコーディネーション　日本学校心理学会（編）　学校心理学
　　ハンドブック―「学校の力」の発見―（pp.136-137）　教育出版

瀬戸美奈子・石隈利紀（2002）．　高校におけるチーム援助に関するコーディネーション行動と
　　その基盤となる能力および権限の研究―スクールカウンセラー配置校を対象として―　教
　　育心理学研究, **50**, 204-214.

▎シリーズ監修者

太田信夫　（筑波大学名誉教授・東京福祉大学教授）

▎執筆者一覧　（執筆順）

石隈利紀	（編者）	はじめに，第1章，付録
小野瀬雅人	（編者）	はじめに，第3章，付録
小野純平	（法政大学）	第2章
家近早苗	（大阪教育大学）	第4章
西山久子	（福岡教育大学）	第5章
上村惠津子	（信州大学）	第6章

▎現場の声　執筆者一覧　（所属等は執筆当時のもの）

現場の声1	小野瀬雅人	（編者）
現場の声2	石隈利紀	（編者）
現場の声3	半田一郎	（茨城県教育庁）
現場の声4	桂　聖	（筑波大学附属小学校）
現場の声5	林田篤伸	（福岡市立板付小学校）
現場の声6	横島義昭	（霞ケ浦学園つくば国際大学高等学校）
現場の声7	渡邉聡子	（直方市スクールソーシャルワーカー）
現場の声8	名古屋学	（神奈川県立茅ヶ崎養護学校）

【監修者紹介】

太田信夫（おおた・のぶお）

1971 年　名古屋大学大学院教育学研究科博士課程単位取得満了
現　在　筑波大学名誉教授，東京福祉大学教授，教育学博士（名古屋大学）

【主著】
記憶の心理学と現代社会（編著）　有斐閣　2006 年
記憶の心理学（編著）　ＮＨＫ出版　2008 年
記憶の生涯発達心理学（編著）　北大路書房　2008 年
認知心理学：知のメカニズムの探究（共著）　培風館　2011 年
現代の認知心理学【全 7 巻】（編者代表）　北大路書房　2011 年
Memory and Aging（共編著）Psychology Press　2012 年
Dementia and Memory（共編著）Psychology Press　2014 年

【編者紹介】

石隈利紀（いしくま・としのり）

1990 年　アラバマ大学大学院博士課程修了
現　在　東京成徳大学教授，筑波大学名誉教授，学校心理学 Ph.D.（アラバマ大学）

【主著】
学校心理学―教師・スクールカウンセラー・保護者のチームによる心理教育的援助サービス　誠信書房　1999 年
寅さんとハマちゃんから学ぶ助け方・助けられ方の心理学―やわらかく生きるための 6 つのレッスン―　誠信書房　2006 年
学校心理学ハンドブック第 2 版―「チーム」学校の充実をめざして―（責任編集）　教育出版　2016 年
新版石隈・田村式援助チームシートによるチーム援助入門―学校心理学・実践編―（共著）図書文化社　2018 年
チーム学校における効果的な援助―学校心理学最前線―（共編）　ナカニシヤ書店　2018 年
教育・学校心理学（編）　遠見書房　2019 年

小野瀬雅人（おのせ・まさと）

1987 年　筑波大学大学院博士課程心理学研究科心理学専攻単位取得退学
現　在　聖徳大学児童学部教授，教育学博士（筑波大学）

【主著】
教科心理学ハンドブック―教科教育学と教育心理学による「わかる授業の実証的探究」―（共編著）　図書文化社　2010 年
スタンダード教育心理学（共著）　サイエンス社　2013 年
学校心理学ハンドブック第 2 版―「チーム」学校の充実をめざして―（責任編集）　教育出版　2016 年
改訂版たのしく学べる最新教育心理学（共著）　図書文化社　2017 年
教育・学校心理学（編著）　ミネルヴァ書房　2021 年

シリーズ心理学と仕事 7　教育・学校心理学

| 2021 年 7 月 10 日　初版第 1 刷印刷 | 定価はカバーに表示 |
| 2021 年 7 月 20 日　初版第 1 刷発行 | してあります。 |

監 修 者　　太田信夫

編　　者　　石隈利紀

小野瀬雅人

発 行 所　　（株）北大路書房

〒 603-8303　京都市北区紫野十二坊町 12-8
電 話（075）431-0361（代）
FAX（075）431-9393
振替　01050-4-2083

©2021　　　　　　　　　　　　印刷・製本／亜細亜印刷（株）

検印省略　落丁・乱丁本はお取り替えいたします。
ISBN978-4-7628-3162-1　Printed in Japan